NOTES

DE

MORALE

DEUXIÈME ÉDITION

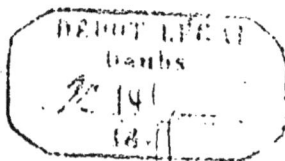

INSTITUTION SAINTE-MARIE, BESANÇON

1895.

NOTES

DE

MORALE

TABLE

des

MATIÈRES.

DEUXIÈME PARTIE.

LA Science des devoirs.

CHAPITRE Ier.

INTRODUCTION.

La morale, au sens étymologique du mot, est la science des mœurs de l'Homme. Les mœurs de l'homme sont certaines habitudes d'agir propres à l'homme.

Il y a deux choses à envisager dans les actes de l'homme : ce qu'il fait et la raison pour laquelle il le fait. L'homme, en effet, agit toujours pour une fin, lorsqu'il agit avec intelligence. Cela posé, les actes habituels de l'homme, considérés comme moyens d'atteindre une fin déterminée, sont simplement des coutumes. Si, par exemple, on étudie les diverses manières d'honorer Dieu en usage parmi les hommes, on ne fait pas à proprement parler une étude de mœurs. Il en est autrement si l'on cherche à constater que partout les hommes font certains actes en vue de rendre un culte à la Divinité. Les mœurs de l'homme sont donc des habitudes d'agir considérées surtout par rapport à leur fin.

La fin que l'homme se propose quand il

agit avec intelligence est toujours un bien. L'intelligence, disait Socrate, n'agit jamais que pour le bien. La fin d'un acte, en effet, est ce que l'on désire obtenir en accomplissant cet acte. Or, toute chose désirée est un bien, réel ou apparent, car l'idée de bien se décompose en deux autres : celle de chose désirée et celle désir. Les mœurs de l'homme sont donc des habitudes d'agir en vue d'un Bien.

Les biens que l'homme désire sont fort divers : certains hommes, par exemple, cherchent à réaliser une grande fortune, d'autres ne se proposent que de jouir, d'autres enfin mettent tous leurs soins à cultiver leur raison, et se détachent le plus possible des amusements et des richesses. Ce sont là de grandes différences, et chacune d'elles présente aux yeux de l'observateur les aspects les plus variés. Peindre sous toutes ses formes l'égoïsme du jouisseur, la cupidité de l'avare, l'orgueil du stoïcien, c'est affaire aux moralistes, et les moralistes n'ont pas négligé ce soin.

Théophraste a écrit ses caractères; La Bruyère les a traduits, en y ajoutant des portraits et des maximes. La Rochefoucauld a fait le livre des maximes, et La Fontaine a peint les mœurs des hommes dans

« une ample comédie à cent actes divers. »

Peindre les mœurs des hommes, ce n'est pourtant pas faire la science des mœurs. La peinture des mœurs n'est pas la Morale. C'est que, parmi les fins diverses que l'homme peut se proposer quand il agit, il en est une qui lui paraît plus particulièrement désirable. Celle-là, il l'appelle le souverain Bien, le Bien en soi, ou simplement le Bien. En tout ordre de choses, en effet, il faut distinguer le relatif et l'absolu, l'imparfait et le parfait. Le relatif admet des degrés, il comporte le plus et le moins. L'absolu, au contraire, est ce à quoi il est impossible d'ajouter. Le bien absolu, par exemple, est ce qui est souverainement bien, ce qui est bien sans aucune restriction. Le bien absolu, considéré comme la fin par excellence des actes de l'homme, est l'objet propre de la morale. En ce sens, elle est la science du bien absolu.

L'homme ne peut tendre au Bien qu'à la condition d'agir avec intelligence, car le bien absolu ne lui est connu que par son intelligence. Rien de ce qui tombe sous les sens n'est absolu. D'autre part, c'est avec liberté que l'homme recherche le bien absolu, car, en même temps que son intelligence lui montre le bien parfait, ses sens lui font apercevoir des biens relatifs, qui le sollicitent et le mettent dans la nécessité de choisir entre eux et le Bien parfait. Ce choix, il peut le faire, car il est libre. Non seulement il peut le faire, mais il doit le faire, car l'ordre le veut ainsi : le Bien parfait passe avant les biens imparfaits. Cet ordre des biens, c'est le devoir. D'où il suit que la morale est la science du devoir, puisqu'elle est la science du Bien, et que le Bien librement poursuivi par l'homme suppose la réalisation de l'ordre.

La morale est la science du devoir; elle est aussi la science des devoirs, car l'ordre des biens se manifeste à nous sous des formes diverses, selon les temps, les lieux, les personnes et les situations. Toute personne humaine doit tendre au Bien parfait, et par le fait même, doit être aidée à atteindre cette fin par quiconque peut l'aider. De là des relations très complexes, qui s'ajoutent à la relation très simple de l'homme avec le Bien parfait. L'ensemble de ces relations constitue l'ordre moral, le devoir et les devoirs. La morale est donc la science du devoir et des devoirs.

Tous ne l'entendent pas ainsi. Les partisans de la doctrine évolutionniste, par exemple, soutiennent que la morale n'est point la science

du devoir, c'est à dire d'un idéal que l'homme doit
réaliser par sa libre activité. Elle est, selon eux, la
science du progrès des mœurs. Ce progrès, disent-ils,
s'accomplit de l'égoïsme à l'altruisme. Les hommes,
à l'origine, poursuivaient le plaisir du moment
présent, (morale du plaisir: Aristippe de Cyrène); l'expérience leur a appris à sacrifier le plaisir immédiat au
plaisir à venir, moins certain sans doute, moins
vif aussi, mais plus durable (morale de l'intérêt: Épicure).
Avec le temps encore, ils ont compris que la qualité du
plaisir est plus à considérer que sa quantité, qu'il
vaut mieux, pour l'homme, satisfaire les désirs de
l'esprit que ceux du corps, (morale de l'honnête:
stoïcisme) et qu'après tout, un jour viendra où
tous les sacrifices seront récompensés par un
bonheur sans terme et sans mélange (morale chrétienne). La recherche des plaisirs de l'esprit substituée
à celle des plaisirs du corps découvre promptement
à l'homme une idée nouvelle, celle de l'altruisme.
Les plaisirs de l'esprit, en effet, sont de telle nature que
plus ils sont goûtés par un grand nombre, plus ils sont
exquis. L'idée du bonheur de tous une fois comprise,
l'évolution morale est achevée; du moins elle le sera
quand tous comprendront qu'ils doivent se dévouer à
l'intérêt commun. Telle est, en abrégé, l'histoire des
mœurs, et la morale n'est pas autre chose que
l'histoire des mœurs. Elle est une science de faits,
une sorte d'histoire naturelle qui décrit des mœurs
en progrès au lieu de mœurs stables.

Les partisans de l'Évolution oublient que tout
progrès suppose un idéal. Si le passage de l'égoïsme
à l'altruisme est un progrès, c'est que l'altruisme est
meilleur que l'égoïsme. Le meilleur lui-même ne peut
être apprécié que par l'idée d'un meilleur absolu, d'un
Idéal. La morale est donc une science d'Idéal. Qu'elle
doive tenir compte des faits, on ne peut le nier, mais

avant tout elle recherche la loi qui domine les faits.

§. II.

La Morale et la Métaphysique.

Cette loi, semble-t-il, n'est pas difficile à déterminer. Elle est gravée dans le cœur de tout homme,
car tout homme parvient sans peine à savoir qu'il doit
faire le bien et éviter le mal.

Cela est vrai, mais une loi générale, facile à
connaître comme celle-ci : il faut faire le bien et éviter
le mal, ne définit pas les devoirs, elle indique simplement le devoir. Or peu d'hommes contestent le devoir,
mais beaucoup ne savent pas déterminer les devoirs.
Presque tous ont la volonté de bien faire, mais la bonne
intention ne suffit pas : il faut savoir dans le détail
ce qui est à faire, ce qui doit être évité : la volonté de
bien faire ne crée pas le bien. La volonté aime le
bien ou le hait, elle le poursuit ou s'en détourne, mais
il ne dépend point d'elle. On ne peut admettre sans
réserve ce jugement de Cousin : « Ce qui fait le bien
ou le mal d'une action, ce n'est pas l'action elle-même, c'est l'intention qui l'a déterminée » (Cousin : Le
Vrai, le Beau, le Bien, 12e leçon.) La bonne intention est
nécessaire, mais l'action elle-même doit être bonne ;
tout au moins elle ne doit pas être mauvaise. L'homme qui veut faire le bien doit donc savoir distinguer
une bonne action d'une action mauvaise ou indifférente.

Cette distinction n'est pas toujours facile à
faire. Que de gens font le mal sans le savoir, ou même
en croyant bien faire ! Leur erreur est involontaire ; elle
n'en est pas moins funeste. Ils sont excusables sans
doute, mais ils sont loin d'atteindre la perfection de
leur nature ; et s'ils forment une société, cette société
est barbare. Les sauvages d'ailleurs ne sont pas
seuls à ignorer ce qui est bien. Parmi les hommes

civilisés, beaucoup se trompent et appellent vertu ce qui est vice, honneur ce qui est préjugé déplorable. Autant qu'on le peut, on doit les éclairer, et pour cela leur prouver qu'ils se trompent. On ne le fera jamais si on ne sait pas expliquer pourquoi une action est bonne, pourquoi une autre ne l'est pas. Rendre compte des devoirs, tel est justement l'objet de la morale.

Dans le devoir, il y a comme deux éléments à distinguer : la matière et la forme. La matière du devoir, c'est la chose même que le devoir prescrit ou défend. Ainsi le mensonge est la matière de ce précepte : tu ne mentiras point. La forme du devoir, c'est l'obligation ; tous les devoirs obligent, autrement ils ne seraient pas des devoirs. Par là ils se ressemblent tous, tandis qu'ils diffèrent les uns des autres par leur matière. Déterminer la matière d'un devoir, c'est répondre à cette question : Pourquoi dois-je faire ceci ou cela ?

Épictète indique un procédé très simple et vraiment efficace pour arriver à connaître ce qu'il faut faire : « Les devoirs se mesurent en général par les relations que nous avons à soutenir. Tu as un père : il t'est ordonné d'en avoir soin, de lui céder en tout, de supporter qu'il t'injurie, qu'il te frappe. — Mais j'ai un mauvais père. —Est-ce donc que tu es lié naturellement à un bon père ? Non, mais à un père. — Mon frère me fait injustice.. Conserve à son égard ton rang de frère ; n'examine pas ce qu'il fait, mais ce que tu dois faire pour conformer ta volonté à la nature (c'est à dire à la raison).... De même à l'égard d'un voisin, d'un concitoyen, d'un général, tu trouveras quel est ton devoir si tu examines les relations que tu soutiens avec eux. » (Épictète. Manuel, ch. XXX.) Rien de plus simple, mais quelle est cette méthode ?

n'est-ce pas l'analyse des concepts, telle que l'indiquait Socrate par son fameux précepte : « Γνῶθι σάυτον ». Tu as un père et tu veux connaître tes devoirs envers lui ? Analyse l'idée de fils ; demande-toi ce que c'est qu'un fils par rapport à son père. Cette analyse te fera découvrir les relations naturelles d'un père et d'un fils : d'une part, obéissance, respect, amour, d'autre part, entretien, éducation, affection et direction.

Découvrir des relations par l'analyse des idées, au fond, c'est rechercher l'ordre, et le devoir n'est pas autre chose que l'obligation de réaliser l'ordre. Mais d'où vient l'ordre, et pourquoi faut-il l'observer après qu'on l'a découvert ? Hélas ! il faut bien le dire, plusieurs de nos contemporains enseignent de redoutables erreurs sur ce point : « Nos devoirs, dit M. Guyau, à propos du passage d'Épictète cité plus haut, ne nous sont pas imposés du dehors par la nature des choses, c'est nous-mêmes qui nous les imposons. Sans cela l'obligation morale ne serait plus qu'une obligation physique et naturelle. Nous seuls, nous pouvons nous obliger réellement et efficacement ; nous seuls nous posons la loi morale. Nous disons, par exemple : je veux être reconnaissant ; cette loi posée, la nature se charge de nous en fournir les applications ; elle nous présente un père, une mère. Ce sera avant tout à leur égard que nous appliquerons le précepte moral de la reconnaissance. Ensuite, la nature nous entoure de frères, de parents, etc... Par là, elle nous aide à formuler et à exercer nos divers devoirs ; mais le devoir même, c'est à dire l'obligation morale ne vient pas de la nature, il vient de la volonté. » (Guyau, manuel d'Épictète, page 33.)

M. Guyau, en écrivant ces lignes, s'est inspiré, sans doute, d'une théorie fameuse de Kant : l'autonomie de la volonté.

Selon Kant, l'ordre moral ne saurait dépendre de la métaphysique, parce que la métaphysique n'est pas une science. La volonté morale doit être autonome, c'est à dire poser sa loi et se l'imposer ensuite. — Il est impossible que le devoir repose sur un fondement aussi peu stable que la volonté individuelle. L'homme ne crée pas ses devoirs. Le devoir créé par l'homme opposerait tout juste à la passion la résistance d'une toile d'araignée à un taureau. Le devoir nous est imposé par une volonté supérieure; c'est la voix de Dieu parlant en nous. Le devoir, c'est la volonté de Dieu. La volonté de Dieu est toujours conforme à l'éternelle sagesse; donc le devoir est l'ordre voulu de Dieu. Par là, on comprend qu'il oblige, qu'il impose les mêmes choses à tous, et ne varie jamais.

Kant identifie la religion et la morale. Ce qu'il appelle « la religion dans les limites de la raison », c'est la morale, ni plus, ni moins, et l'Église, selon lui, n'a pas d'autre mission que celle de sauvegarder la morale éternelle. Depuis Kant, on est allé plus loin dans la même voie. C'est au nom de la raison théorique seulement que Kant avait séparé la morale de la métaphysique et, pour lui, la liberté, l'âme, Dieu étaient les postulats du devoir. Il n'en est plus ainsi pour le socialiste Proudhon, fondateur de la morale indépendante. Selon lui, « la morale doit cesser de s'appuyer sur la théologie, se rendre indépendante de tout dogme prétendu révélé, et se baser uniquement sur la conscience et le principe inné de la justice, sans avoir besoin, pour l'étayer, de la croyance en Dieu et en l'immortalité de l'âme ». Dieu seul peut savoir le mal causé par une telle doctrine qu'un journal hebdomadaire : La morale indépendante, se chargea de vulgariser.

Quoi qu'il en soit, le devoir, séparé de la

croyance en Dieu ne peut pas plus subsister que l'arbre ne peut vivre sans racine. Séparer la loi morale de son fondement métaphysique, c'est lui ôter son caractère distinctif, l'obligation ; c'est, par conséquent, l'assimiler aux lois naturelles ordinaires, aux lois physiques, par exemple.

Tel a été le souci des positivistes. A leurs yeux, la loi morale se détermine par expérience et par induction. Elle ne peut impliquer aucune croyance métaphysique. L'état métaphysique de l'humanité a fait place à l'état positif. On observe les faits, et on induit la loi, voilà tout.

Un philosophe déjà cité plus haut, et mort depuis peu, a écrit en ce sens „l'Esquisse d'une morale sans obligation ni sanction„ Le devoir, selon lui, n'est pas autre chose que le besoin de vivre. C'est le vouloir vivre d'une vie aussi pleine que possible.

Quelques remarques bien courtes sur cette dangereuse morale:

1° Le vouloir vivre est un besoin, soit ; mais rien n'empêche que la raison n'y découvre l'objet d'une volonté supérieure. Le vouloir vivre apparaît alors revêtu de la forme du devoir, qui est l'obligation. M. Guyau confond ici la matière du devoir et la forme du devoir. L'animal a le besoin de vivre, il n'a pas le devoir de vivre. L'homme veut vivre et il le doit.

2° Il le doit parce qu'il y est obligé. Un devoir sans obligation est une contradiction pure. On peut bien troubler un instant sa propre intelligence et celle de quelques autres au point de croire et de faire croire que la loi du devoir n'oblige pas plus qu'une loi physique ; jamais l'ensemble des hommes ne prendra le change sur ce point. Ceux-là même qui s'y trompent obéissent comme les autres à la loi du devoir ou subissent le tourment du remords. 3° Pût-elle s'établir par induction, la loi du devoir aurait encore un fondement métaphysique. L'induction elle-même, en effet, comme le montrent les logiciens, s'explique par un principe emprunté à la métaphysique.

§. III.

Méthode de la Science morale.

Mais non, ce n'est point par induction que l'on détermine la loi morale. La variété des actions libres est trop grande pour qu'on puisse donner la formule générale de l'une quelconque d'entre elles. On ne peut dire : L'homme ne tue point, il ne vole point, il ne ment point ; cela ne serait pas vrai. On dit : L'homme ne doit point, il ne doit point voler, il ne doit pas mentir. Le fait et le droit sont choses absolument distinctes.

Sans doute, pour connaître le devoir, il faut observer ce qui se fait. Je ne puis dire ce que doit faire un père, si l'observation ne m'a pas appris ce que c'est qu'un père. Et quand, à la manière de Socrate, j'analyse l'idée de père pour déterminer les devoirs d'un père, je ne fais pas autre chose que consulter mon expérience sur ce point : Qu'est-ce que c'est qu'un père ? mais l'observation en morale est tout autre chose que l'observation en physique. Le physicien observe des faits constants et énonce ensuite la loi qui résume ces faits en déterminant leur relation toujours la même. Le moraliste, au contraire, observe des faits, non pour les résumer en une loi, mais pour les régler par une loi. C'est bien différent. Ainsi le géomètre observe les ronds pour les rectifier et tracer la circonférence idéale. La loi morale est une règle, non une simple loi. Elle est de plus une règle obligatoire, non un simple idéal. La cir-

conférence idéale n'oblige point; l'idéal des actions humaines s'impose au libre vouloir.

Le devoir une fois déterminé par l'observation,
il en faut établir le fondement métaphysique; autrement,
nous l'avons montré, le devoir perd sa force et ne saurait conserver longtemps l'empire des consciences. C'est
par l'induction métaphysique que l'on fait voir le
fondement métaphysique du devoir. L'induction métaphysique est un raisonnement qui va des faits
à leurs causes premières, de l'ordre expérimental aux
causes suprasensibles. Il repose sur ce principe : tout
effet exige une cause proportionnée : « Quidquid perfec-
tionis est in effectu, oportet inveniri in causa effectiva »
(St Thomas. Somme th I^a I^a 2u. 4. art. 2, conclusion). Le devoir est universel, immuable, obligatoire, donc il suppose
une cause supérieure, éternelle, capable d'imposer sa
volonté en vue de l'ordre. Cette cause, c'est Dieu.

Quand on a dit aux hommes ce qu'ils doi-
vent faire et pourquoi ils doivent le faire, il reste à
consulter de nouveau l'expérience pour résoudre les difficultés que soulève la pratique du devoir. Rien n'est
aisé comme la détermination des formules générales :
L'homme est ton semblable, donc tu respecteras sa vie
au même titre que la tienne... C'est bien, mais si mon
semblable veut m'ôter la vie, s'il m'attaque en vue
de prendre mes biens, ou pour tout autre motif, que
dois-je faire ?– Ici, évidemment, la loi générale : Tu ne
tueras point, doit s'adapter aux circonstances. Ma vie
est précieuse pour moi comme celle de mon semblable l'est pour lui. Je dois donc sauvegarder ma vie.
Je la sauvegarderai en me défendant, mais en même
temps je respecterai la vie de mon agresseur autant
que faire se pourra. De même la loi morale interdit
le mensonge, parce que la parole est faite pour exprimer la pensée, non pour la déguiser. Mais un indiscret
m'interroge sur un fait que j'ai le devoir de taire.

Que lui répondre ? — Évidemment, ici, deux devoirs sont en conflit : celui de ne point mentir, celui de garder le secret. On peut répondre évasivement ; on peut détourner la question ; on peut enfin dire qu'on ignore ce dont il s'agit. On ne le sait point, en effet, de science communicable. Nul ne doit ignorer que de telles formules sont permises aux hommes soumis à la loi du secret.

Par ce qui précède, on voit bien quelle est la méthode à suivre en morale.

1º Observer ce qui se fait pour trouver ce qui doit se faire, comme on observe, en vue de les rectifier, les figures géométriques tracées par la nature ;

2º Raisonner par induction métaphysique, pour trouver les causes premières et suprasensibles du devoir ;

3º Observer de nouveau et de plus près la réalité, pour arriver à résoudre le conflit des devoirs, ce qu'on appelle vulgairement les cas de conscience.

Tel est bien l'ordre naturel des recherches morales. Cet ordre préside à l'éducation morale de l'enfant : on enseigne d'abord à l'enfant ses devoirs, c'est à dire les relations naturelles qui l'unissent à Dieu, à ses parents, aux autres hommes, aux êtres visibles d'ordre inférieur. On lui fait ensuite voir le lien étroit de ces divers devoirs avec sa volonté libre, avec la volonté de Dieu, avec le bonheur futur. Pour enseigner la morale, on procède un peu autrement. On étudie d'abord le devoir en lui-même ; après cela seulement, on passe en revue les principaux devoirs de l'homme. La science des cas de conscience n'a rien de définitif, puisqu'il surgit sans cesse de nouveaux cas de conscience. On peut seulement indiquer à cet égard quelques principes généraux. Le devoir en lui-même, par son caractère obligatoire, est la forme même de tous les devoirs. La partie de la morale qui lui est consacrée porte à juste titre le nom de morale formelle : on dit aussi quelquefois morale générale. On ne doit pas dire morale théorique, car les deux parties de la morale sont théoriques. L'étude des devoirs ayant pour objet de déterminer la matière même des devoirs, devrait s'appeler morale matérielle. On peut, si on le préfère, l'appeler morale spéciale.

La morale formelle se divise naturellement en trois parties qui ont respectivement pour objets : La loi morale telle que nous la connaissons, ou la conscience ; le fondement de la loi morale, ou le bien ; les conséquences de la loi morale ou le mérite, la responsabilité et la sanction.

La morale spéciale ou science des devoirs débute par un chapitre sur la Vertu en général ; puis elle traite des vertus individuelles, qui sont la tempérance et la force ; elle s'occupe ensuite des vertus sociales, qui sont la justice et la charité ; enfin elle étudie la sagesse, qui résume nos devoirs envers Dieu.

Il y a un rapport étroit entre l'honnête et l'utile, et la morale bien observée est un principe de prospérité matérielle. Cette vérité est connue depuis longtemps, et l'Évangile la consacre. Elle frappe tellement les esprits que de nombreux essais ont été tentés en vue de réduire l'honnête à l'utile, et de fonder la morale sur l'intérêt. Quelle que soit la valeur de ces essais, on s'accorde à dire qu'ils renferment une part de vérité, et on cherche à déterminer les rapports de la morale avec une science de création récente : l'économie politique.

Parmi les problèmes que l'économie politique cherche à résoudre, il en est un qui intéresse la société au plus haut point, et que l'on appelle par excellence la question sociale. Ce problème mérite d'être traité à part, d'autant plus qu'il ne relève pas uniquement de l'économie politique. Il est avant tout un problème de morale sociale.

L'analyse qui précède fait voir que la morale tient en dix chapitres dont voici le tableau :

I La Morale en général.	VI La tempérance et la force
II La Conscience morale.	VII La justice et la charité, ou
III Le Bien en général	les vertus sociales.
IV Le mérite, la responsabilité et la	VIII La sagesse, les devoirs envers Dieu.
sanction.	IX La morale et l'économie politique.
V La Vertu en général.	X La question sociale.

CHAPITRE II

LA CONSCIENCE MORALE.

« Deux choses ravissent mon âme d'une admiration toujours nouvelle : le ciel étoilé au dessus de ma tête, et la loi morale au fond de mon cœur » Par ces belles paroles, Kant manifestait un sentiment que tous les hommes éprouvent à des degrés divers, le sentiment du devoir, que l'on appelle aussi la conscience morale.

Qu'est-ce que la conscience morale ? Est-elle légitime ? Quel rôle joue-t-elle dans la vie humaine ? Telles sont les questions à résoudre.

§. 1
Analyse de la Conscience.

Tout homme distingue le bien du mal. Quelquefois on applique mal cette distinction, mais on la fait. On peut ignorer la définition du bien et celle du mal, mais on ne les confond point. La distinction du bien et du mal est le premier acte de la conscience morale. Elle en est la plus élémentaire manifestation.

Cette distinction n'est pas seulement l'œuvre de l'esprit; elle ne revêt pas d'ordinaire la forme d'un jugement purement logique. Elle est le plus souvent un sentiment très vif dont la spontanéité fait songer à celle des actes instinctifs. L'homme a naturellement horreur du meurtre, et si on lui propose de tuer un de ses semblables, il repousse cette idée avec indignation, il ne se borne pas à répondre froidement que ce serait mal faire. De même l'honnête homme ne juge pas seulement que le vol est une injustice, il le déteste et ne voudrait à aucun prix s'en rendre coupable. La conscience discerne le bien et le mal par sentiment autant que par raison, et dans certaines âmes, le sentiment du juste et de l'injuste semble devancer et dominer la raison. On ne sait pas toujours dire pourquoi l'on aime le bien, pourquoi l'on a le mal en horreur, et souvent on ressemble à l'homme qui observe les lois de l'équilibre sans pouvoir les expliquer par leur principe. Bref, la conscience morale est plutôt le discernement que la distinction du bien et du mal. Ce discernement doit être fondé en raison, mais il n'est pas l'œuvre de la raison seule. Il peut être le fruit de raisonnements très compliqués, mais il est toujours mêlé de quelque sentiment.

Ce n'est pas tout. Le discernement du bien et du mal par la conscience n'est pas un acte impersonnel. Quand la conscience parle, elle n'indique pas simplement ce qui est bien en soi, ou mal en soi. Elle ne dit pas simplement: il est bien d'aimer le prochain, il est mal de lui nuire; elle dit: On doit aimer le prochain, il est défendu de lui nuire. Elle affirme un devoir et par conséquent elle s'adresse à une personne libre, car seule la personne libre peut remplir des devoirs. Et si la personne libre désobéit aux lois de la conscience, aussitôt celle-ci devient le principe d'un tourment bien connu, qui s'appelle le remords. Au contraire, la conscience, pour quiconque lui obéit, est une source féconde de pures jouissances qui sont pour l'homme de bien une douce récompense et le secret d'une grande force. Telle est la conscience, voix impérieuse qui retentit au fond de l'âme, juge intime qui punit et récompense. Elle prescrit le devoir, elle interdit ce qui est contraire au devoir.

Le devoir qu'elle dicte n'est pas simplement une règle générale de conduite, il revêt le plus souvent une forme concrète, c'est un acte à faire ou à éviter par la personne morale qui le conçoit, et cela dans des circonstances déterminées de temps et de lieu. Le fait de conscience est donc très complexe : il suppose la distinction du bien et du mal, le sentiment de cette distinction, l'idée de devoir, l'idée de liberté, l'idée de peine et de récompense, l'idée d'une action déterminée et de ses circonstances. Sans doute, la conscience morale est la distinction du bien et du mal; sans doute, elle est l'affirmation du devoir, mais sa fonction essentielle est de prescrire un devoir personnel et déterminé. La conscience est surtout quelque chose d'individuel, une voix intérieure qui parle à chacun et pour lui seulement. La distinction du bien et du mal, les règles du devoir n'ont pas ce caractère personnel : elles peuvent être également claires pour beaucoup de personnes morales qui, pourtant, ne les appliquent point toutes de la même manière. Il y a plusieurs manières de bien faire, et la conscience indique à chacun la manière de bien faire qui lui convient selon les cas. Elle interprète les règles du devoir.

Pour conclure, nous définissons la conscience morale l'affirmation intime d'un devoir personnel et déterminé.

On voit par là en quoi elle diffère de la conscience psychologique.

1º Son domaine est plus restreint ; elle n'a point pour objet tous les faits de l'âme, mais seulement ceux qui ont rapport au bien et au devoir.

2º Elle n'est pas un simple témoin, elle commande, et cela sans condition : elle est un impératif absolu.

3º Après avoir commandé, elle juge, et elle juge parce qu'elle a commandé. C'est par la même autorité qu'elle commande et qu'elle juge.

Prescrire le devoir, constater l'obéissance ou l'infraction au devoir, récompenser ou punir, tel est son triple rôle. Mais comment pourrait-elle prescrire et juger si elle n'était, selon le mot de Kant, la voix de Dieu en nous ? L'homme ne crée pas ses devoirs, autrement il les anéantirait quand la passion éclate ; il ne se juge pas lui-même, autrement, il serait toujours absous.

§. II.

La conscience du devoir est elle fondée en raison ?

Voilà qui est bien, pourrait-on dire : l'homme a conscience du devoir, mais le devoir est-il quelque chose en lui-même, est-il autre chose qu'une simple idée ?

En tout cas, c'est une idée claire et distincte : on la comprend pleinement par elle-même. Elle représente l'impératif absolu, le commandement sans condition. Elle se traduit dans la vie quotidienne par des préceptes tels que ceux-ci : il faut aider le prochain, il ne faut point mentir.

Sans aucune peine, on la distingue de toute autre idée, de l'idée d'intérêt, par exemple ou de celle de nécessité. La formule de l'intérêt est conditionnelle : Si tu veux être estimé, sois honnête ; quant à la nécessité, elle ne commande point, elle s'impose et on la subit. Or, dit Descartes, « les idées claires et distinctes sont toutes vraies ». Cela est évident, autrement notre raison porterait à faux. Quelles idées peuvent être vraies, sinon les idées qui se comprennent par elles-mêmes, soit du premier coup, soit à l'aide d'une analyse? Il faut donc douter de la raison elle-même, ou accepter les idées claires et distinctes, et entre autres l'idée de devoir, que l'analyse rend pleinement intelligible.

Si l'idée du devoir était un concept vide, la nature humaine présenterait une contradiction choquante qui ne se remarque point dans le reste de la série animale. La loi invariable de la nature est que, à toute fonction correspond un objet. A la vision correspondent les ondulations lumineuses ; à l'audition, les vibrations sonores ; au tact, l'action dynamique des corps. Il y a plus : on observe un parallélisme constant entre la fonction et son objet. L'aigle, qui plane dans les airs, aperçoit, des hauteurs où il s'élève, le vermisseau dont il doit se nourrir. Au contraire, les animaux qui vivent dans l'obscurité, ont la vue faible et louche. Les monstres qui habitent les abîmes de la mer n'ont que des yeux rudimentaires, qui sont plutôt des prolongements du tact. — Si telle est la loi générale, à qui fera-t-on croire que la raison seule est une fonction sans objet ! Et si, de toutes parts on voit les hommes accepter l'idée du devoir comme une idée directrice de leur vie, pourquoi regarder cette idée comme une illusion ?

Qu'on explique alors la croyance générale

au devoir. C'est là un fait bien constaté, dont rien
ne rend compte, si ce n'est la réalité même du devoir. On invoque l'éducation, la coutume, l'habitude,
les lois civiles. L'éducation n'explique pas le devoir,
car l'éducation ne se fait pas sans la lumière naturelle de l'esprit. L'homme apprécie par lui-même
les principes que l'on cherche à lui inculquer, et
quand ces principes contrarient ses passions, il faut
qu'ils reposent sur des raisons bien solides pour
être acceptés de lui. La coutume ne rend pas compte du devoir, car souvent on abandonne la coutume
au nom du devoir. L'habitude est de sa nature indifférente. Il y a des habitudes conformes au devoir;
il y en a de contraires au devoir; donc l'habitude ne
crée pas le devoir. Quant aux lois édictées par les
pouvoirs publics, elles sont parfois entièrement opposées à la loi du devoir: Nous disons alors qu'elles
n'obligent pas. C'est au nom du devoir qu'Antigone
résistait aux ordres de Créon. Le devoir est antérieur
à la loi civile; il ne s'explique donc point par elle.
Nous avons déjà parlé de l'essai tenté par M. Guyau, d'expliquer le devoir par le besoin. Le devoir
peut coïncider avec le besoin, mais il est autre que
le besoin. Le devoir de vivre n'est pas la même chose
que le besoin de vivre. Nous avons dit aussi que
le devoir ne saurait être une création de la volonté
humaine. Bref, c'est à juste titre que tous les hommes croient à la réalité du devoir comme chose qui
s'impose à nous et n'en dépend point:

C'est là, disent quelques uns, une asser-
tion bien contestable: tous les hommes croient à la
réalité du devoir. Oubliez vous les fortes paroles de
Pascal: « Trois degrés d'élévation du pôle renversent
toute la jurisprudence. Un méridien décide de la
vérité; en peu d'années de possession, les lois fonda-
mentales changent. Le droit a ses époques. L'entrée

de Saturne au Lion marque l'origine d'un tel crime. Plaisante justice qu'une rivière borne ! Vérité en deçà des Pyrénées, erreur au delà ! ». (Pascal, Pensées. Edition variorum, ch. IV. § IV.) Les Lacédémoniens, en autorisant publiquement le vol, faisaient-ils preuve de notions bien précises sur le respect dû à la propriété d'autrui ? Les sauvages qui mettent à mort leurs vieux parents, ceux qui abandonnent leurs enfants encore jeunes et les obligent à vivre de rapine, tiennent-ils en grand honneur les lois sacrées de la famille ? Les mangeurs d'hommes comprennent-ils bien ce que c'est que justice et charité ? — Telle est, dans toute sa force, l'objection connue sous le nom de scepticisme moral. Elle n'a pas grande valeur. Quelques remarques suffiront à le faire voir :

1º Il faut bien distinguer entre le devoir et les devoirs. La loi du devoir ne varie pas. Elle est universelle et universellement connue. Quant aux devoirs particuliers, bien que déterminés par des lois générales : Tu ne tueras point, tu ne voleras point, etc... ils varient certainement d'après les circonstances, en ce sens que les lois générales qui les déterminent souffrent des exceptions et doivent être interprétées différemment selon les cas. Qu'elles ne soient pas toujours bien comprises, qu'elles ne soient pas interprétées de la meilleure manière dans tous les cas, il n'y a là rien qui puisse surprendre et qui prouve quelque chose contre l'universalité de la loi morale.

2º Ces variations, qui s'expliquent assez par l'ignorance, la coutume, les préjugés d'éducation, les instincts mauvais, ne prouvent pas même toujours que l'homme n'a aucune notion d'une loi morale particulière, celle de la piété filiale, par exemple. Témoin ce raisonnement d'un chef sauvage à un missionnaire : « Qu'avons-nous de plus cher que notre propre corps ? Rien, n'est-ce pas ? Eh bien, nous, par amour pour nos parents, dont nous sortons, nous leur offrons notre corps pour sépulture, afin qu'ils revivent en nous. Ne croyez-vous pas que cela vaille mieux que de les mettre pourrir dans la terre, où ils sont la proie des vers ?,, (Tour du Monde : un an en Malaisie, par Jules Caine ; 11 juin 1892).

3º Si les lois morales particulières sont souvent ignorées ou mal interprétées, il y a pourtant un moyen de diminuer ce mal : c'est l'éducation morale. Par elle s'accomplit le progrès des mœurs. Que d'atrocités ont déjà disparu parce que la loi morale est mieux comprise ! Nous ne voyons plus le père de famille exercer le droit de vie et de mort sur ses enfants ; l'épouse est maintenant la compagne de l'homme, non son esclave, et l'asservissement de l'homme par l'homme sera bientôt aboli. L'Évangile se répand de plus en plus, et, à mesure que cette divine lumière luit sur un peuple, les mœurs de ce peuple s'épurent. Sous l'influence de la morale chrétienne, la barbarie disparaît comme la brume se dissipe aux rayons du soleil. Il y a un progrès des mœurs ; donc la loi morale peut être enseignée et comprise. Il suit de là qu'elle est universelle, non en ce sens que tous la comprennent, mais en ce sens que tous peuvent la comprendre. Le soleil luit aux yeux de tous, mais sa lumière ne serait pas moins éclatante si elle n'était vue que d'un petit nombre. La loi morale est la même pour tous ; elle peut éclairer tout homme qui désire sincèrement la connaître. Pour la bien connaître, il faut former sa conscience.

§. III

Formation de la Conscience morale.

On forme sa conscience par l'étude de ses devoirs, la réflexion, la prière, le souci de prendre conseil. Ces moyens conduisent le plus souvent à la certitude nécessaire pour éviter le mal. Il est clair que, pour bien agir, il faut agir d'après une conscience certaine, soit qu'elle prescrive, soit qu'elle défende, soit qu'elle se borne à conseiller.

La conscience certaine se forme d'après les lumières de la science, de la science métaphysique surtout. On ne saurait admettre une morale en désaccord avec la science : la vérité ne s'oppose pas à la vérité ; la vérité morale n'est pas contraire à la vérité scientifique.

Quelquefois la nécessité d'agir s'impose sans que l'on ait pu acquérir une science parfaite sur la valeur de l'action à faire : si un homme tombe malade, on a recours au médecin et on suit ses prescriptions. Le médecin peut se tromper, mais il n'est pas sage d'aller contre son avis. Le devoir exige même qu'on lui obéisse ponctuellement. De même l'armateur prudent a soin de ne jamais faire sortir un navire sans tenir compte des observations météorologiques. Les indications qu'on lui donne peuvent être erronées, comme le sont parfois les prescriptions d'un médecin à son malade, mais la conscience morale est une raison pratique, non une raison spéculative. La raison spéculative a pour objet la vérité pure ; la raison pratique vise à faire pour le mieux dans un cas donné. Par là on voit que la conscience certaine peut être dans l'erreur. Cela arrive même de temps à autre, mais l'erreur de bonne foi est excusable. Celui qui agit selon ses lumières agit moralement bien ; il doit seulement toujours chercher à s'éclairer, et ainsi il s'affranchit de plus en plus de l'erreur.

Parfois il ne réussit pas à s'éclairer. Alors c'est le doute. Que faire, quand on se demande si un acte est bon ou mauvais ? Nous supposons évidemment que l'on a tenté ce qui était possible pour connaître la valeur morale de cet acte. En ce cas, si l'on ne peut différer d'agir, il faut prendre le parti le plus sûr. On ne peut jamais en effet agir avec une conscience douteuse. Ce serait s'exposer à violer une loi, et accepter d'avance la violation de cette loi. Si au contraire il n'y a pas urgence, il faut se réserver le temps d'appliquer quelques principes pratiques qui, sans résoudre directement la difficulté, permettent cependant d'agir en toute sécurité.

Dans le cas d'un doute de fait comme celui-ci : Tel accusé est-il vraiment coupable, il faut s'abstenir tant que le doute persiste. Le juge n'a pas le droit de condamner un accusé dont la culpabilité n'est pas établie ; le médecin n'a pas le droit de donner un remède douteux à un malade, sauf le cas où il ne reste aucun espoir de sauver ce malade. Le chasseur ne peut tirer sans être bien sûr qu'il ne s'expose pas à tuer un homme. D'où cette règle générale : dans le doute de fait, on s'abstient d'agir toutes les fois qu'en agissant on s'exposerait à un dommage personnel ou à léser les intérêts d'un tiers.

Dans le doute de droit, la règle à suivre n'est pas la même. Un doute de droit est celui qui porte sur l'existence d'une loi ou sur la légitimité de son application. On peut agir, malgré ce doute, pourvu, nous le rappelons, qu'on ait pris les moyens propres à le dissiper. La raison pour laquelle on peut agir malgré le doute de droit, c'est qu'une loi douteuse est une loi nulle : *Lex dubia, lex nulla*. L'homme possède sa liberté d'action, et il est juste que cette liberté, qui est certaine, ne soit pas enlevée à l'homme par une obligation douteuse. Ce qui est certain l'emporte sur ce qui ne l'est pas. On peut, par exemple, prêter de l'argent à un taux peu élevé, parce qu'il n'est pas prouvé que cela soit une injustice. En principe, sans doute, tout prêt est gratuit, mais il y a des raisons sérieuses en faveur du prêt d'argent à intérêt.

Parfois, une loi est certaine, mais on se demande si elle doit avoir son effet dans une circonstance donnée. Il faut, à coup sûr, rendre à chacun ce qui lui est dû, mais on peut garder un bien dont la possession est contestée, tant que celui qui le réclame n'a pas établi ses droits. Tel est le sens de l'axiome connu : *Melior est conditio possidentis*; la condition du possesseur est la meilleure.

Enfin, on n'est pas tenu d'accomplir une loi certaine si on a des raisons sérieuses de croire que cette loi a déjà été accomplie. Un honnête homme n'a pas à payer de nouveau une dette qu'il croit avec fondement avoir déjà payée. Il n'est pas certain, en effet, que la loi possède, puisqu'elle a probablement été accomplie. Il en serait autrement si cette probabilité n'existait pas, il faudrait accomplir la loi.

Lorsqu'une loi a été sûrement accomplie, on présume qu'elle l'a été comme il convenait. Un ordre donné est censé légitime, à moins qu'il ne soit évidemment injuste. En général, toute chose faite est réputée bien faite, jusqu'à preuve du contraire. Ce qui est désavantageux ne se suppose pas, il faut le prouver.

Enfin, si parfois l'homme se trouve en face

de deux devoirs opposés, comme l'obligation du secret et celle de dire la vérité, nous le redisons encore : qu'il réfléchisse, qu'il consulte, qu'il prie. S'il ne peut recourir à ces moyens, qu'entre deux maux il choisisse le moindre. S'il ne peut savoir quel est le moindre mal, qu'il agisse comme il pourra : il n'est point alors assez éclairé pour accomplir un acte libre.

Tels sont les principes les plus importants à l'aide desquels on peut résoudre un assez bon nombre de difficultés. Ces principes ne sont, en morale, qu'une ressource secondaire, mais ils sont une ressource. Ce qui importe le plus, pour éviter les erreurs de conduite, c'est un amour éclairé du bien. « L'homme vertueux, disait Aristote, est le meilleur juge de la vertu ». On sait le mot de Saint Augustin : « Ama et fac quod vis ». Sans doute, la bonne intention ne suffit pas à justifier l'action, mais celui qui aime le bien avec intelligence, le cherche par les bons moyens, et le trouve.

CHAPITRE III

LE BIEN.

L'homme est soumis à une loi morale : il doit faire le bien et éviter le mal ; il doit connaître dans le détail la valeur morale de ses actes. Mais pourquoi certains actes sont-ils regardés comme bons, et d'autres comme mauvais ? Qu'est-ce que le bien ? Tel est le problème qu'il faut résoudre si l'on veut connaître sur quoi repose la loi morale que tout homme est tenu d'observer.

§. 1.

Les Théories.

Bien des théories déjà ont été émises en vue de résoudre la question du bien. Cette question est celle du Summum bonum des Anciens, c'est à dire du bien en vue duquel on désire tous les autres, et qui n'est lui-même désiré en vue d'aucun autre.

Aristippe la résolvait fort simplement. Le bien, disait-il, c'est le plaisir du moment présent. Très vite on reconnut que le bien n'est pas le plaisir actuel et passager, car ce plaisir engendre souvent de longues et amères douleurs.

Epicure faisait consister le bien dans le plaisir en repos. Il appelait ainsi une sorte de plaisir tout négatif, l'absence de toute souffrance, le plaisir passager d'Aristippe étant le plaisir en mouvement ήδονη έν κινήσει. Pour être parfaitement heureux, au dire d'Epicure, il faut avoir le corps exempt de douleur, l'esprit libre d'inquiétude et le cœur affranchi de toute passion. Tous les préceptes de la morale doivent tendre à réaliser cet idéal, qui est leur raison d'être.

La morale d'Epicure est plus compliquée que celle d'Aristippe. Elle nous rapproche un peu moins des bêtes aussi, mais elle ne résiste guère mieux à l'examen. Elle est la morale de l'intérêt personnel, mais l'intérêt personnel n'est au fond que le plaisir. C'est un plaisir préparé par le calcul, par le travail, par les privations, mais c'est un plaisir plus durable et moins funeste que celui du moment présent. Or, trois raisons nous empêchent d'identifier le plaisir et le bien:

1° Le plaisir n'est pas le bien, il est la conséquence du bien. Nous éprouvons un plaisir parce que
nous rencontrons ce qui est bon pour nous. Il n'y
a pas de plaisir qui ne soit causé par quelque chose
de bon, par un bien.

2° Le plaisir n'explique pas le devoir. Qu'on
analyse l'idée de plaisir tant qu'on voudra, on
n'y pourra rien découvrir qui ressemble à l'idée
d'obligation. Je puis chercher mon plaisir, je n'y
suis pas tenu. Et si parfois j'ai un devoir agréable
à remplir, ce n'est pas parce que ce devoir est agréable qu'il est un devoir. Bien souvent, d'ailleurs, le
devoir est opposé au plaisir.

3° Le plaisir varie d'un homme à l'autre:
trahit sua quemque voluptas. Le bien, fondement
de l'obligation, ne saurait varier. La loi morale commande les mêmes choses à tous les hommes dans
les mêmes circonstances. Sans doute, le plaisir en
repos est le même pour tous: la santé, la tranquil-
lité d'esprit et de cœur sont des choses que tous désirent, mais où sont les Épicuriens à la lettre?
Bien peu d'hommes sont capables de discerner le
plaisir en repos et le plaisir en mouvement. Dès
qu'on leur parle de plaisir, ils entendent le plaisir du moment présent. Si les Utilitaires ne manquent pas sur la terre, du moins ils songent
peu au plaisir en repos d'Épicure. Ils cherchent
à s'enrichir, à se faire une situation, à assurer
l'avenir de leur famille et, en tout cas, leurs
intérêts sont fort divers. Ce qui sert l'un nuit à
l'autre. Le bien ne saurait comporter ces variations.

Les Stoïciens ont bien compris que le
bien n'est pas le plaisir. À leur avis, le Bien
c'est la vertu, et la vertu est souverainement aima-
ble par elle-même: Virtus per se amabilis, Virtus
propter se colenda.

Les Stoïciens avaient tort pourtant, car, sous aucun de ses aspects, la vertu n'est le bien.

1º La vertu est une manière d'être de l'âme. À ce titre, elle n'est pas le souverain bien, autrement; toute manière d'être de l'âme serait le souverain bien.

2º La vertu est l'habitude du bien, elle suppose le bien; donc elle ne peut être le bien.

3º La vertu a des degrés. Elle est plus ou moins parfaite. Comment dès lors pourrait-elle être le souverain bien ? Le souverain Bien n'est-il pas au dessus de tout bien ? Par là même, il ne comporte pas de degrés.

On ne peut accepter la Doctrine Stoïcienne du souverain bien. Au reste, elle a fait ses preuves. Impraticable à la plupart des hommes, à cause de l'Insensibilité qu'elle préconise, elle ne s'adresse qu'à une élite d'âmes viriles, à qui elle inspire un orgueil sans mesure.

Les doctrines modernes, que nous devons surtout aux Anglais, ne valent pas beaucoup mieux. Bentham avait imaginé une certaine arithmétique des plaisirs. Selon lui, le bien est le plaisir le plus durable, le moins mélangé, le plus intense, le plus élevé, bref le plus parfait possible. C'est affaire de calcul et de combinaison. — C'est là, tout au plus, un perfectionnement de la doctrine d'Epicure. Le principe reste le même, c'est le plaisir. Or nous avons vu que le plaisir n'est pas le bien.

Adam Smith estime que le bien consiste dans la sympathie que nous accordent nos semblables, d'où il conclut que, pour juger de ce qui est à faire ou à éviter, nous devons nous demander ce qu'en penserait un spectateur impartial. — La sympathie de nos semblables est sujette à trop de variations pour être le souverain bien. Au reste, les hommes n'accordent leur sympathie qu'en raison de ce qui est le bien, ou de ce qu'ils croient le bien. La sympathie suppose donc le bien, au lieu de l'expliquer. — D'après Stuart Mill, le bien est l'intérêt du plus grand nombre. Ainsi s'explique le dévouement : chacun doit sacrifier son intérêt personnel à celui de tous. Cette doctrine est inacceptable, car :

1º L'intérêt n'est autre chose que le plaisir. Nous l'avons dit un peu plus haut, il peut être un plaisir différé, prolongé, préféré à un autre, mais il n'est qu'un plaisir. Or, l'idée de plaisir n'implique pas celle d'obligation. Pourtant nous nous sentons obligés à ce qui est bien.

2º Intérêt pour intérêt, on ne voit pas pourquoi il faudrait préférer l'intérêt du grand nombre à l'intérêt personnel. Si le bonheur est le bien, chacun est plus vivement touché de son bonheur personnel que de celui d'autrui.

3º L'intérêt du grand nombre est chose trop difficile à connaître. Pour savoir ce qui convient à tous, il faut des calculs qui dépassent l'habileté des plus sages. Dire que l'intérêt du grand nombre est le bien, c'est dire que le bien est inconnaissable.

Nous venons de passer en revue les principales solutions données par les philosophes au problème du bien. Aucune n'est la vraie. Mais nous n'avons rien dit de ce que la Foi nous apprend au sujet du bien. Le Bien, c'est Dieu, voilà sa réponse. Peut-être est-il possible de transformer cette réponse en une solution philosophique du problème posé. Nous allons l'essayer.

§. II.

Le Bien, c'est Dieu.

Le bien, disait Aristote, est ce que tous les hommes désirent. Assurément, ce philosophe ne veut pas dire que tous les êtres tendent à une même fin, mais plutôt que le bien, pour chaque être, est ce que cet être désire. S'il en est ainsi, il faut dire que le bien est chose toute relative, et varie avec chaque être. — A la vérité, le bien varie avec chaque être : le bien de l'herbivore est indifférent au carnivore, et réciproquement. Mais l'existence des biens relatifs n'empêche en rien celle du bien absolu, dont notre esprit a une idée claire et distincte, et la remarque d'Aristote n'est pas inutile à celui qui veut définir ce Bien suprême. Le bien varie avec chaque être, mais tous les biens ont cela de commun, qu'ils correspondent à un désir, en sorte que l'idée de désir entre nécessairement dans celle de Bien, et toute chose désirable est un Bien. D'où cette formule très juste empruntée à la Philosophie Scolastique : le Bien est l'Être en tant que désirable.

Être désirable n'est pas le propre de quelques êtres seulement, car, à supposer que tout être ne soit pas de la part d'un autre être l'objet d'un désir intéressé, notre raison juge que tout être est désirable en soi, puisque tout être lui paraît préférable au néant. Non seulement nous estimons que tout être est préférable au néant, mais tout être nous paraît d'autant meilleur qu'il a plus d'être. La plante est pour nous plus qu'un corps brut, l'animal plus que la plante, et l'homme, plus que l'animal. Il est vrai, nous préférons parfois une plante à un animal :

certains animaux nous inspirent de l'horreur, tandis que beaucoup de plantes plaisent à nos yeux et charment notre odorat. Mais nous n'ignorons point que, à considérer les choses en soi, tout animal est plus qu'une plante, parce qu'il a plus d'être qu'une plante. Ce qui réjouit les sens n'est pas toujours ce que l'esprit juge le meilleur. Tel être plaît plus aux yeux, mais la raison l'apprécie moins, parce qu'il possède l'être à un degré plus faible. Il suit de là que l'être est la raison du bien, et que plus un être a d'être, meilleur il est. D'où cet axiome de la Philosophie Scolastique : Ens et Bonum convertuntur, l'Être et le Bien sont identiques.

Cela posé, il est clair que, s'il existe un Être Infini, cet Être est le Souverain Bien. Or, non seulement l'Être Infini existe, mais il est impossible que l'Être Infini ne soit pas : l'Être Infini est l'être nécessaire. À la réflexion nous apercevons mille défauts dans les choses qui commencent et finissent. Par là nous sommes amenés à concevoir un Être parfait, et, cet Être une fois conçu, nous voyons clairement qu'il ne peut pas ne pas être, car il est plus parfait d'être que de ne pas être, et la perfection est une raison d'être. Au reste, les plus illustres génies nous aident à bien comprendre que l'idée même d'Être Infini implique l'existence de l'Être Infini. Ainsi pensaient St Anselme, St Thomas, Descartes, Bossuet, Leibniz, Spinoza. Nous disons donc que l'Être Infini est le Bien suprême. Le Summum Bonum que les anciens ont tant cherché, c'est Dieu.

Mais, dira-t-on, qu'importe que Dieu soit le Bien absolu, s'il n'est en même temps l'Être souverainement désiré par l'homme.

Qu'importe qu'un être soit le meilleur en soi, s'il n'est pas celui que l'homme souhaite le plus ?.. L'homme, disait Pascal, n'est créé que pour l'Infini. L'Infini, qui est le Bien absolu, est en même temps le Bien suprême de l'homme, le seul être capable de satisfaire les désirs de celui que Lamartine caractérise avec tant de bonheur par le premier de ces beaux vers :

Borné dans sa nature, Infini dans ses vœux,
L'homme est un Dieu tombé qui se souvient des cieux.

L'homme n'est pas un Dieu tombé, et il ne se souvient pas des cieux, mais il est vraiment infini dans ses vœux, et l'Infini seul peut combler ses désirs. Déjà Saint Augustin avait dit cela en termes magnifiques : « Fecisti nos ad te, Deus, et irrequietum est cor nostrum, donec requiescat in te. » Chacun se souvient de Salomon résumant une vie de plaisirs par ce cri de désenchantement : « Vanitas vanitatum et omnia vanitas. » Avec quel bonheur d'expression pourtant, l'auteur de l'Imitation ajoute : practer amare Deum, et illi Soli servire !

Oui, c'est en vain que l'homme demande le bonheur aux créatures, car Dieu seul peut le lui donner. Le Bonheur est la possession du Souverain Bien, et le Souverain-Bien, c'est Dieu.

§. III

Le Bien, le Devoir et le Droit.

L'homme ne peut être heureux en dehors de Dieu, voilà qui est établi. Pourtant que d'hommes cherchent le bonheur dans les plaisirs, la possession des richesses, les honneurs ! C'est là une erreur déplorable. Les plaisirs des sens, l'animal peut en jouir aussi bien que l'homme ; ils ne sont donc pas le bonheur de l'homme. Les richesses n'ont aucune valeur par elles-mêmes; elles ne sont utiles qu'en vue d'autres choses. Les honneurs entraînent avec eux des charges accablantes, ils excitent la jalousie et durent peu. À coup sûr, les hommes, en très grand nombre, se trompent sur la nature du vrai bonheur. Tous du moins ont cela de commun qu'ils recherchent le bonheur : c'est la loi de leur nature.

Mais peuvent-ils chercher le bonheur à l'aventure, sans se demander où est le vrai bonheur ?... Non évidemment. Chercher le bonheur où il n'est pas, c'est manquer sa vie, c'est méconnaître l'ordre, car l'ordre exige que chaque être tende à sa fin véritable.

Les êtres inintelligents tendent à leur fin sans aucune liberté, l'homme au contraire peut librement réaliser l'ordre. Sa libre réalisation de l'ordre, c'est le devoir.

Le devoir oblige : il faut l'accomplir. Il est, selon le mot de Kant, un Impératif absolu; il commande sans condition. Il est une loi qui s'impose, et, comme toute loi, il est une nécessité résultant de la nature même des choses. Sans doute, le devoir ne contraint pas; il n'est pas une nécessité physique, comme celle de la chute des corps; il n'est pas même une nécessité tout intérieure, comme la nécessité d'admettre les premiers principes; il est une nécessité morale, qui laisse place à la liberté, qui suppose même la liberté. On peut violer cette loi morale, elle s'impose quand même. Un contemporain le compare ingénieusement au rayon de soleil qui, un instant brisé, se reforme aussitôt. La ligne droite du devoir n'est point une barrière infranchissable; et cependant, toujours elle est là, indiquant à l'homme le chemin du vrai bonheur.

Il est étrange, dira-t-on, que le bonheur oblige. Le bonheur n'est-il pas une joie sans mélange, qui pénètre l'âme tout entière, et qui dure toujours ? Que la joie soit parfaite ou non, il n'y a rien en elle qui explique, justifie le caractère impératif du devoir. La joie n'est pas un devoir, à coup sûr, mais il est une joie qui résulte de l'ordre réalisé librement. Cette joie s'appelle le bonheur. Par elle-même, elle n'oblige pas, mais sa cause, qui est l'ordre, s'impose à la libre volonté de l'homme. Ce n'est pas le bonheur qui fonde le devoir, c'est l'ordre, principe du bonheur.

Au reste, l'ordre est que Dieu soit la Fin librement voulue de l'homme, créature raisonnable et libre. Or, Dieu est lui-même une Personne : Il a une Intelligence et une Volonté. Cet ordre, qui s'impose à nous, Dieu l'a conçu, Dieu l'a voulu. C'est précisément parce que Dieu a voulu l'ordre que l'ordre s'impose à nous. Par lui-même, l'ordre ne s'imposerait pas : ce qui le rend obligatoire, c'est la Volonté de Dieu.

L'analyse qui précède nous a conduits à l'idée chrétienne du devoir. Descartes a dénaturé cette idée. Il soutenait que Dieu est l'arbitre suprême du bien et du mal. Dieu, selon Descartes, eût pu vouloir que ce qui est bien fût mal, et que ce qui est mal fût bien. Or la Volonté divine n'est point une puissance aveugle. Toujours conforme à l'éternelle Sagesse avec laquelle elle s'identifie, elle ne veut que ce qui est selon l'ordre. Le devoir est l'ordre voulu par Dieu et librement proposé à la liberté de l'homme.

On voit par là l'insigne faiblesse des doctrines qui fondent le devoir sur le respect dû à la personne humaine, sur le sentiment de l'honneur, sur le besoin de vivre. La personne humaine a droit au respect parce qu'elle est supérieure aux choses, c'est une conséquence de l'ordre même du monde. Mais l'ordre n'oblige point par lui-même, car il n'est pas une force, et il faut une force pour obliger. La force qui oblige vraiment, c'est la force souveraine, et cette force est souveraine parce qu'elle est créatrice. — Le sentiment de l'honneur a pour principe l'amour de l'estime. On veut être estimé de ses pairs : à cause de cela, on se dit homme d'honneur. Mais l'honneur est sujet aux variations de l'opinion ; il exige parfois qu'on obéisse à d'odieux préjugés, et il n'a aucune prise sur les actions intimes. — Le besoin de vivre ne peut être le principe du devoir, puisque le devoir exige parfois le sacrifice de la vie. La conséquence n'est jamais contraire à son principe.

La faiblesse de ces doctrines du devoir se manifeste pleinement dans la vie réelle : aucune n'est un obstacle suffisant aux passions humaines. Seule, l'idée de Dieu peut retenir l'homme sur la pente du mal. « La pensée de Dieu, dit Saint Thomas, est ce qui contribue le plus à la perfection de l'homme. »

Nous venons de montrer les fondements du devoir : l'ordre, la liberté humaine, Dieu. Retranchez une seule de ces notions, le devoir est inexplicable.

Du même coup, nous avons fait voir le devoir qui prime tous les autres : l'ordre, c'est que l'homme tende à Dieu, comme fin suprême.

Tous les hommes ont la même fin suprême parce que tous ont la même nature.

Donc tout homme est tenu de ne point entraver et même de favoriser son semblable dans la recherche du Bien suprême.

On ne peut rechercher le Bien suprême si l'on s'asservit aux biens inférieurs, car l'activité de l'homme est limitée. « Nul ne peut servir deux maîtres. » Donc les créatures non raisonnables doivent constamment être maintenues au rang qui leur convient : elles sont pour l'homme des moyens d'atteindre sa Fin.

Telle est la division du devoir : à Dieu l'amour suprême ; à l'homme justice et charité ; à tout ce qui n'a point la raison, le rôle de moyen et d'instrument.

Ce que l'homme doit, il le peut. La liberté s'exerçant selon l'ordre, c'est le droit. Le droit et le devoir sont corrélatifs : ils dérivent des mêmes principes ; l'un est comme l'envers de l'autre. Ils sont la même chose envisagée à des points de vue différents. Qu'on ne dise pas que j'ai le droit de faire des choses auxquelles je ne suis point tenu, car toutes mes actions doivent être faites selon l'ordre. Sans doute on peut arriver au sommet d'une montagne par divers sentiers, mais il faut toujours monter. De même je puis tendre à ma fin suprême par diverses actions, mais il faut que j'y tende toujours. En cela, mon devoir va aussi loin que mon droit. Tous deux ont leur cause dans une même liberté agissant selon l'ordre voulu par Dieu.

CHAPITRE IV

Le mérite, la responsabilité, la sanction.

Chercher Dieu, tel est le devoir. Or, par l'accomplissement du devoir, non seulement l'homme cherche Dieu, mais il le trouve. Oui, par le devoir, l'homme s'unit à Dieu de plus en plus, et c'est ce qui fait sa dignité morale ou son mérite.

§ 1.

Le mérite et le démérite.

On dit ordinairement que le mérite est le droit à une récompense. Il est bien vrai, quiconque a du mérite est en droit de recevoir une récompense, mais ce droit est plutôt une conséquence du mérite que le mérite lui-même. On peut concevoir le mérite en dehors de toute idée de récompense, et par conséquent sans songer le moins du monde que le mérite donne droit à une récompense. Au reste, le démérite est le contraire du mérite. Pourtant on ne définit pas le démérite un droit à quelque châtiment. Quand un homme a démérité, on dit qu'il est passible d'une punition, mais on ne lui reconnaît pas un droit rigoureux à cette punition. Autrement l'indulgence serait coupable, parce qu'elle serait la violation d'un droit.

Paul Janet définit mieux le mérite : « un accroissement volontaire de notre excellence intérieure ». Rien n'est plus juste : l'homme qui mérite augmente en valeur. On l'estime, et on l'estime davantage à mesure qu'il augmente le nombre de ses bonnes actions. Par contre, le démérite est bien une diminution d'excellence intérieure, et quand un homme a par trop démérité, on l'appelle un vaurien, parce qu'il a réduit son excellence intérieure à néant.

Mais comment l'excellence intérieure de l'homme peut-elle grandir? Évidemment, pour que l'homme augmente en perfection, il faut qu'il reçoive quelque chose. Or, de qui peut-il recevoir quelque chose? Les êtres inférieurs à lui ne peuvent lui donner une valeur morale qu'ils n'ont pas. Ils ne sont pas libres, et la valeur morale suppose la liberté. Elle est une perfection librement acquise. L'homme ne peut pas non plus recevoir directement de ses semblables un accroissement de dignité morale, car la dignité morale est un bien tout intérieur, partant tout personnel. Sans doute, par nos exhortations, par nos exemples, nous pouvons inviter nos frères à grandir en excellence, mais il nous est impossible de leur communiquer quoi que ce soit du mérite qui nous est propre. Reste donc que l'excellence intérieure de l'homme soit une union de plus en plus intime avec Dieu. Le mérite de l'homme de bien, c'est Dieu grandissant de plus en plus dans l'âme de cet homme. L'homme de bien est à la lettre un homme de Dieu, une sorte de Dieu. Ainsi l'appelle l'Écriture. « Vos dii estis» dit-elle. Rien d'étrange, au reste, dans cette doctrine. Le savant se déifie en quelque sorte à mesure qu'il apprend à connaître la vérité, car la vérité, c'est Dieu, et connaître la vérité, c'est s'unir à Dieu. De même l'homme s'unit à Dieu de plus en plus à mesure qu'il fait le Bien, car le Bien, c'est Dieu, et faire le Bien, c'est réaliser

Dieu en soi. L'union de l'homme à Dieu par le
Bien est l'union de la volonté humaine à la volonté divine, c'est une union d'amitié, par conséquent. L'amitié, dit justement Sénèque, est l'u-
nion des volontés «Eadem velle, eadem nolle, ex
demum firma amicitia est».

   Qu'on ne dise pas : à quoi bon faire
intervenir Dieu pour expliquer le mérite ? Le
mérite est-il autre chose que l'affermissement de
la volonté dans le bien par la pratique du
bien ? La volonté grandit à mesure que l'homme multiplie ses bonnes actions, et c'est là le
mérite. — Nous répondons simplement que tout
perfectionnement d'un être est une communica-
tion de Dieu. Tout perfectionnement, en effet,
est une augmentation d'être. Or la simple con-
servation de l'être suppose l'intervention divine. A plus forte raison en est-il ainsi de l'augmentation de l'être. — La volonté, dit-on encore,
contient en germe tous ses développements : ainsi le germe d'un animal renferme en lui les
développements successifs de l'organisme. — Il est
vrai, l'organisme tout entier est en puissance
dans le germe, et le mérite est en puissance
dans la volonté libre, mais l'acte est plus que
la puissance. La puissance est comme un «en-
veloppement» de l'acte, et l'acte comme un développement de la puissance. Par le fait même
que l'acte est un degré d'être supérieur à la puissance, l'intervention divine est nécessaire pour
que l'être en puissance devienne un être en
acte. C'est par le secours de Dieu que l'homme
vertueux grandit en dignité morale. Mais la
dignité morale agrandie ne suppose pas simplement une intervention de Dieu, elle est comme une déification de l'homme. L'homme de

sion participe en quelque sorte à la nature de Dieu : *Divinæ consortes naturæ.*

Tel est le mérite : l'union de plus en plus étroite de l'âme humaine avec Dieu. C'est par nos bonnes œuvres que s'accomplit cette union. Bonnes ou mauvaises, nos œuvres sont nous-mêmes, elles sont notre être, agrandi ou diminué : il n'est donc pas étonnant qu'elles nous suivent au delà du tombeau : « *Opera eorum sequuntur illos.* »

Le mérite, c'est Dieu présent en nous. Il n'est pas la claire vision de Dieu, mais il est comme la substance de cette lumière qui doit jaillir un jour de notre âme avec un éclat d'autant plus vif que nous aurons plus mérité.

§ II.

La Responsabilité.

Le mérite et le démérite sont choses toutes personnelles. Cela résulte clairement de leur nature, puisque l'un est une augmentation, et l'autre une diminution de la dignité personnelle, propre à tout agent libre.

Ce caractère personnel du mérite et du démérite permet de comprendre ce qu'on appelle l'imputabilité morale ou la responsabilité. On dit en effet qu'un acte est imputable à une personne quand il est juste de le lui attribuer, parce qu'elle en est l'auteur. Par le fait, elle en est responsable, car la responsabilité n'est pas autre chose que l'imputabilité : ce sont deux aspects d'un même fait moral.

Mais, hâtons-nous de le dire, il ne suffit pas qu'une personne soit l'auteur d'un acte pour que cet acte lui soit imputable. On distingue, en effet, parmi les actes que l'homme accomplit, ceux qui sont libres et ceux qui ne le sont pas. Les premiers, Saint Thomas les appelait actus humanos ; les autres étaient simplement pour lui les actes de l'homme (actus hominis). Quand un homme n'a pas agi librement, nous ne lui attribuons point ses actes, il ne mérite à nos yeux ni éloge ni blâme. On enferme les insensés, s'ils sont dangereux pour leurs voisins, mais on ne s'en prend point à eux des suites de leur folie. Personne ne s'irrite des injures d'un homme en délire. L'ivresse involontaire peut causer des malheurs, jamais des crimes. Même volontaire, l'ivresse est parfois une excuse. Un meurtre a-t-il été commis par un homme ivre ? — Si cet homme, en s'enivrant, n'a point songé aux conséquences possibles de son ivresse et à l'obligation où il était de les prévoir, on ne peut le regarder comme un assassin. C'est un ivrogne, peut-être, mais ce n'est pas un criminel. De même encore, on n'impute pas à un homme endormi les actions mauvaises qu'il commet, à moins qu'il n'en ait volontairement posé la cause avant son sommeil. Un malheureux se laisse hypnotiser, sachant bien que par là il abdique sa liberté et devient en quelque sorte la chose d'un autre, peut-être un instrument de crime ; évidemment il est responsable d'un assassinat qu'on lui fait commettre en état d'hypnotisme, et cette responsabilité lui incombe dans la mesure où il a pu prévoir ce qui arriverait. Pour que l'homme endormi soit coupable, il faut qu'en état de veille il ait prévu et voulu les mauvaises actions commises pendant son sommeil. Il ne suffirait pas qu'il en eût volontairement posé la cause, s'il n'avait songé aux effets de cette cause et ne les avait ainsi acceptés en posant librement leur cause connue comme telle. Ce qui est vrai de l'homme endormi est vrai aussi, dans une certaine mesure, de l'homme entraîné par une violente passion. La colère assurément diminue la responsabilité; elle peut même l'enlever tout à fait, mais quiconque se sait porté à la colère doit combattre cette passion et en prévenir les accès. Dans la mesure où il néglige ce devoir, il est responsable des suites de sa colère non moins que de sa colère elle-même. Pour résumer tout ce qui précède, il faut dire que la liberté est une condition indispensable de la responsabilité: nul n'est coupable, nul ne fait le bien s'il n'agit librement.

Agir librement, c'est agir en connaissance de cause, car l'acte libre est un choix réfléchi, et tout acte de réflexion suppose l'intelligence en pleine possession d'elle-même. Si la folie, le délire, le sommeil et la passion ôtent la liberté ou la diminuent, c'est parce que dans ces états, l'homme n'a pas l'entier exercice de son intelligence. L'intelligence étant amoindrie, la liberté est diminuée d'autant. A un autre titre encore, l'intelligence est une condition de la responsabilité. Si un homme en pleine possession de lui-même n'aperçoit pas la malice d'une action qu'il commet, il est clair qu'on ne peut le regarder comme coupable de cette action.

De même, une bonne action dont la valeur morale n'a point été remarquée, ne peut être un sujet d'éloge pour son auteur. Nous dirons donc avec les théologiens : l'advertance est nécessaire pour que l'agent moral soit responsable. La possession de soi ne suffit pas ; ce n'est pas assez de savoir quelle action on commet librement, il faut encore remarquer le bien ou le mal renfermé dans l'action ainsi commise.

Cependant l'inadvertance n'excuse pas toujours. Elle peut être volontaire. Seule, l'ignorance invincible du mal dégage entièrement la responsabilité, et l'ignorance invincible est celle que rien ne fait soupçonner. Quand on ne songe absolument pas à se demander si une action qu'on va commettre en toute liberté est bonne ou mauvaise, on ne peut être ni méritant ni coupable. Mais l'inadvertance n'excuse pas quand elle a pour cause la négligence. Plus la négligence est considérable, plus la responsabilité est engagée. A plus forte raison est-on responsable quand l'inadvertance provient de l'ignorance affectée du devoir. On est bien coupable quand on ne veut pas savoir, de peur d'être obligé de faire

Quelquefois une action est par elle-même indifférente, tandis que ses conséquences ne le sont point. Détacher une pierre du flanc de la montagne est chose indifférente en soi, mais au fond de la vallée, un homme peut être mortellement atteint par cette pierre. Il n'est évidemment pas permis de s'exposer ainsi à un homicide : quiconque commet une imprudence engage indirectement sa responsabilité. Cependant, la responsabilité indirecte disparaît dans certaines conditions qu'il est bon d'indiquer. Nul homme n'est responsable de l'effet fâcheux d'un acte commis par lui :

1° Si cet acte est bon par lui-même ou au moins indifférent ;

2° Si cet acte a un bon effet en même temps qu'un effet mauvais... Il ne faudrait pas que le bon effet fût la conséquence du mauvais, car il n'est pas permis de faire le mal pour procurer un bien.

3° Si le bon effet compense moralement le mauvais ; moralement, c'est à dire à peu près.

4° Si le bon effet seul est voulu par celui qui pose la cause à double effet. — Il faut, bien entendu, que toutes ces conditions soient réunies.

D'après ces principes, un général peut incendier une tour, si les besoins de la guerre l'exigent, quand même il sait que, par le fait, plus d'un innocent périra. Le droguiste peut, sur l'avis du médecin, vendre des substances dangereuses, quand même peut-être quelque accident fâcheux résultera de leur emploi. De même il est permis de vendre un instrument tranchant, qui peut-être servira à commettre quelque crime. Il faudrait le refuser à un assassin reconnu. En général, il faut refuser tout objet dangereux quand on a de bonnes raisons de redouter un abus.

Il faut, comme on peut le voir, réfléchir beaucoup à ce que l'on fait, si l'on veut n'avoir point à répondre de choses parfois très regrettables. Ce n'est pas tout, on peut être responsable des actions d'autrui. Un père qui ne surveille pas ses enfants doit se reprocher leur mauvaise conduite. Il en faut dire autant du maître qui ne veille pas sur ses élèves et de tout homme qui laisse commettre un mal qu'il pourrait empêcher. Enseigner de mauvaises doctrines, faire lire de mauvais livres, conseiller le mal, en donner l'exemple, c'est se charger mal à propos des iniquités du prochain. Vae homini illi per quem scandalum venit !

Nous avons dit ce qu'est la responsabilité, quelles sont ses conditions et quel est son objet. La responsabilité peut se définir la propriété des actes humains ; elle suppose la liberté et l'advertance ; nous pouvons être responsables non seulement de nos actes personnels, mais encore de leurs conséquences et des actes du prochain. Ainsi se résume la doctrine qui précède. Mais il manquerait quelque chose à notre exposé si nous ne faisions pas remarquer en finissant que l'idée de responsabilité est plus complexe que celle d'imputabilité, bien que toutes deux représentent le même fait moral. L'idée de responsabilité fait songer à celle d'un juge, scrutant la conscience, et demandant compte des actes librement accomplis. Ce juge existe, et sa voix se fait entendre au plus intime de l'âme : la preuve en est que parfois il nous condamne. Kant l'a fort bien remarqué : livrés à nous-mêmes, nous ne manquerions pas de nous absoudre toujours.

Juste Judex ultionis,
Donum fac remissionis,
Ante Diem Rationis !

§. III.

La Sanction.

Il s'en faut que nous soyons toujours absous par notre conscience. Bien souvent elle nous fait les plus justes reproches, et alors nous souffrons le tourment du remords. Quelquefois aussi, nous sentons que nous avons bien agi et nous sommes heureux. C'est la joie de la bonne conscience qui remplit notre cœur, et qui surpasse les plus exquises jouissances des sens: Pax Dei quae exsuperat omnem sensum! Le remords, la joie de la bonne conscience sont les deux aspects de la sanction intérieure, car on appelle sanction intérieure la récompense et le châtiment que l'homme trouve dans son propre cœur, selon qu'il a bien ou mal agi.

Il y a d'autres sanctions encore, et en général on appelle sanction le bonheur ou le malheur attaché au libre accomplissement ou à la libre violation de la loi morale.

Il faut que l'homme de bien soit heureux; il faut que le méchant soit malheureux; nous ne concevons pas les choses autrement, et nous avons raison. En effet, l'homme de bien perfectionne son être à mesure qu'il fait le bien, tandis que le méchant se dégrade à mesure qu'il fait le mal: par la vertu, l'être libre grandit; par le vice il diminue. Mais, nous l'avons vu, (ch. III. § III.) L'être et le bien sont une même chose, en sorte que, plus l'être est grand, plus il est bon, et plus il est diminué, moins il est bon. Et si l'être a conscience de lui, s'il peut connaître et désirer, ou il connaît sa perfection, et sa perfection contente ses désirs, ou il connaît ce qui lui manque et souffre de son imperfection. De là le bonheur ou le malheur, conséquences nécessaires de la préférence librement donnée au bien ou au mal.

Mais autant il est certain que le bonheur ou le malheur est la conséquence nécessaire du bien ou du mal librement accompli, autant cette grande vérité nous est peu connue par expérience. D'une part, en effet, notre bonheur dépend du perfectionnement de notre être, et d'autre part, le perfectionnement de notre être n'est autre chose qu'une union de plus en plus intime avec Dieu, Perfection suprême. (Voyez ch. IV. § I.) Or il est certain que nous goûtons bien peu sur cette terre la joie de posséder Dieu. — Seule, la paix d'une bonne conscience nous permet de connaître très imparfaitement ce que peut être un tel bonheur. Du moins la paix intérieure nous fait comprendre qu'il y a une bien grande différence entre connaître par la raison et connaître par le sentiment. La raison nous démontre que notre bonheur consiste dans l'union de plus en plus intime de notre âme avec Dieu, et que cette union se réalise par l'accomplissement du bien, mais nous avons beau savoir cela et même faire le bien de notre mieux, nous ne pouvons être heureux qu'à la condition de sentir Dieu présent en nous. La joie de la bonne conscience est quelque chose de ce sentiment, elle est quelque chose du bonheur, elle n'est pas le bonheur.

À plus forte raison ne pouvons-nous trouver le bonheur dans la possession des biens extérieurs, tels que la santé, la fortune, la faveur de l'opinion, les honneurs. Souvent les moralistes donnent à ces biens le nom de sanction : la santé et la richesse sont à leurs yeux la sanction naturelle d'une bonne vie ; la faveur de l'opinion en est la sanction publique, tandis que les honneurs en sont la sanction sociale. L'expérience fait voir l'insuffisance de ces sanctions avec autant d'évidence que la raison elle-même.

La santé ne fait pas toujours défaut aux viveurs, bien que beaucoup d'entre eux s'abîment à force de désordres. La richesse est souvent le partage du négociant sans probité, de l'usurier sans pitié, du spéculateur sans conscience. L'opinion publique s'égare aisément. Que de fois elle applaudit à l'injustice et blâme ce qui est digne d'éloges. Quant aux charges et aux honneurs, pour les obtenir il n'est pas toujours nécessaire de les mériter ; souvent même le mérite est un obstacle à l'avancement. Est-on parent d'un puissant du jour, on fait son chemin, malgré la plus manifeste incompétence. Du plus au moins, ces mœurs sont de tous les temps. Elles font songer à une vie meilleure, que les moralistes chrétiens appellent la vie éternelle, et qui consiste dans la vision de Dieu : *ego ero merces tua, magna nimis.*

Malheureusement, la vue des égarements de nos frères n'éveille pas toujours dans nos âmes l'espérance d'une vie meilleure. Il est des hommes qui se découragent ; ils croient que le mal est sans remède, et, pour comble, ils se laissent entraîner par le torrent.

Ils ont bien tort. Le mal, fût-il grave, au point de compromettre l'avenir de la Patrie, il faut se souvenir que Dieu a fait les nations guérissables, et que Jeanne d'Arc a sauvé la France. Le remède au mal, c'est la vertu. Mais, dira-t-on, si je suis seul ou presque seul à remonter le courant ? — Qu'importe ! Un seul homme vertueux pèse plus dans la balance divine que des milliers de décadents. Sans cela, Dieu n'eût jamais donné à l'homme la liberté. La liberté est une cause à double effet. Si le mauvais effet l'emportait absolument sur le bon, la Sagesse divine serait en défaut.

La vertu véritable ne se renferme jamais dans le sanctuaire de la conscience. Le sage stoïcien qui dédaigne le vulgaire et se suffit à lui-même n'est qu'un orgueilleux ; le vrai sage est apôtre. Il ne dit pas : chacun pour soi, Dieu pour tous. Il dit : chacun pour tous : « Mandavit unicuique de proximo suo. »

Remonter le courant avec l'aide de Dieu, encourager ses frères, prier pour eux, expier leurs fautes, c'est préparer pour son pays une ère de prospérité nouvelle, c'est en tout cas se ménager une place au séjour de l'éternelle lumière : « Qui erudierint multos ad justitiam fulgebunt quasi stellae in perpetuas aeternitates ». (Daniel, XII, 3.)

SECONDE PARTIE

La science des Devoirs

L'homme doit faire le bien pour arriver au bonheur. Telle est la conclusion qui se dégage de nos précédentes études. L'obligation de faire le bien n'est pas une nécessité d'un moment, elle est la nécessité de toutes les heures. Elle s'impose à l'homme dès que sa raison s'éveille, et seules, les défaillances de la raison peuvent soustraire la volonté humaine à l'empire du devoir. Fidèlement observé tous les jours, le devoir engendre pour la volonté des dispositions ou habitudes qui sont des vertus.

Puisque le devoir oblige sans cesse, puisque la vertu et l'habitude du devoir sont une même chose, il y a lieu d'identifier, en pratique, le devoir et la vertu. Il est donc naturel, avant d'entrer dans le détail des devoirs, de consacrer quelques pages à la vertu en général, pour dire sa nature, ses causes et les principales formes qu'elle revêt.

CHAPITRE V

De la Vertu en général.

Bien des philosophes ont essayé de dire en quoi consiste au juste la vertu. Platon pensait que la vertu est la science du bien. Il tenait cet enseignement de Socrate, et il l'a beaucoup approfondi. Il croyait aussi que la vertu est une harmonie, qu'elle est l'imitation de Dieu. Selon Aristote, la vertu est l'habitude du juste milieu. Pour Malebranche, elle est l'amour de l'ordre. Que faut-il penser de ces diverses définitions ? Nous essaierons de le dire.

§. 1.

Définition de la Vertu.

Platon n'a pas raison d'affirmer que la vertu est la science du bien. Il est vrai, si nous connaissions parfaitement le bien, nous ne pourrions ne point l'aimer, et tous nos efforts tendraient à le posséder. Les Saints qui voient Dieu tel qu'il est ne peuvent se détourner de lui : ils ne sont plus libres de faire le mal. Mais nous, sur la terre, nous ne voyons pas le Bien dans toute sa perfection : par la raison, nous pouvons arriver à savoir ce qu'est le bien, mais cette connaissance toute rationnelle est loin d'être complète au point que le Bien soit toujours le principal objet de notre attention et nous ôte la faculté de songer aux choses finies, et même de préférer ces dernières. La doctrine de Platon sur la vertu n'est donc pas d'accord avec les faits.

... *Video meliora proboque,*
deteriora sequor,

disait la Médée d'Ovide, et St Paul se plaignait en termes énergiques du désaccord qui règne parfois entre l'esprit et la volonté : « Malheureux homme que je suis, disait-il, je ne fais pas le bien que j'aime, et je fais le mal que je hais ». Cette plainte si éloquente nous rappelle trop bien nos luttes de tous les jours.

Il y a comme deux hommes en nous, et chacun de nous peut dire comme Louis XIV après un sermon de Massillon sur la lutte de la chair contre l'esprit : « Ah ! je les connais bien ces deux hommes là ».

Platon, au reste, n'ignorait pas les combats de la vertu et les défaillances de la volonté, car il en parle en ces termes : « Voici, dit-il, la plus grande ignorance : tout en jugeant qu'une chose est bonne, au lieu de l'aimer, on l'a en aversion ; il y a plus, on aime et on embrasse ce que l'on reconnaît mauvais et injuste ». (Lois, liv. III) Sans doute, toute faute est une erreur, puisqu'elle consiste à préférer un bien imparfait au Bien parfait, mais c'est une erreur volontaire, puisque, de l'aveu de Platon, notre raison nous éclaire assez pour nous faire connaître le Bien par excellence et ce qui peut nous en assurer la possession. Nous avons le pouvoir de faire le bien que nous estimons tel, et de renoncer à ce que nous jugeons mauvais : la preuve en est que nous n'écoutons pas toujours la voix des sens, et que d'autres, à côté de nous ne l'écoutent presque jamais. Il est donc impossible d'admettre que la vertu soit la science du bien, et par conséquent de regarder comme vraie cette autre proposition de Platon : « οὐδεὶς κάκος ἑκών » nul n'est méchant volontairement. Il est vrai, l'homme agit toujours en vue de quelque bien, mais il est des biens relatifs, et il y a un Bien absolu. Ce qui plaît aux sens, ce qui satisfait les passions n'est pas toujours vraiment bon et utile. Il est vrai aussi, on peut faire le mal « par suite d'une mauvaise disposition du corps ou d'une mauvaise éducation, et ce sont là des malheurs qui peuvent arriver à tout le monde, malgré qu'on en ait », mais cela n'excuse pas tous les scélérats. Que la responsabilité d'un certain nombre d'hommes ne soit pas très grande, que d'autres soient entièrement irresponsables, cela n'autorise pas à dire que tous les méchants sont de simples insensés, et qu'il faut se garer d'eux, non les punir.

Platon est plus heureux quand il dit que la vertu est une harmonie. Cela est très vrai : la vertu a pour objet le bien, et le bien suppose l'ordre. Le Bien, c'est Dieu. L'âme humaine doit donc tendre à Dieu, voilà l'ordre. L'âme humaine, d'autre part, est unie à un corps qui, par nature lui est bien inférieur et doit lui servir d'instrument. Il faut que le corps soit le serviteur de l'âme : voilà l'ordre encore. Enfin, l'homme ne vit pas isolé sur la terre : il existe des hommes semblables à lui et qui tendent ou doivent tendre à la même Fin. De là pour l'homme la nécessité de traiter ses semblables en égaux. Voilà l'ordre encore. La vertu est donc une harmonie, et ceci nous aide à comprendre cette autre formule de Platon : La vertu est l'imitation de Dieu : « ἡ μίμησις τοῦ Θεοῦ ». De même que Dieu a mis en harmonie tous les éléments de ce monde, de même le sage, par la vertu, fait régner l'ordre entre toutes les puissances de son âme.

　　　　Aristote n'oublie point que la vertu suppose l'ordre : il la définit l'habitude du juste milieu. Seulement il n'est pas bien facile de déterminer le juste milieu. De l'aveu même d'Aristote, le juste milieu varie selon les circonstances : une sage économie tient le milieu entre l'avarice et la prodigalité, mais ce qui est prodigalité pour un homme de condition moyenne peut être magnificence digne d'éloges pour un homme dont la fortune est considérable. Ce qui est courage héroïque de la part d'un soldat peut être imprudence regrettable de la part d'un général. Et ainsi du reste. De plus, et Aristote en convient encore, il est des vertus qui sont des sommets : « ἀκμαί » ; celles-là ne comportent pas de juste milieu. Où est le juste milieu quand il s'agit de pureté, de dévouement, d'amour de Dieu ? « La mesure d'aimer Dieu, c'est de l'aimer sans mesure » (St Bernard.) Enfin, dans toute vertu, il faut distinguer la matière et la forme. La matière de la vertu, c'est son objet même : ainsi la matière de la charité est l'aumône. La forme de la vertu, c'est l'effort que l'âme accomplit pour réaliser l'ordre. Cet effort a pour principe l'amour de l'ordre, et il aboutit à perfectionner cet amour au point que nous en arrivons à réaliser l'ordre sans aucune peine. Alors la vertu est parfaite. Il est vrai de dire que la vertu humaine ne va pas sans effort, mais la vertu parfaite exclut tout effort pour le bien. Elle n'a plus seulement son principe dans l'amour de l'ordre, elle est l'amour même de l'ordre. Ainsi la définissait Malebranche, et ceci fait voir qu'Aristote a plutôt défini la matière de la vertu que la vertu elle-même. La vertu, en effet, considérée dans sa matière, tient une sorte de milieu entre deux extrêmes : In medio stat virtus, c'était là une recommandation familière aux anciens sages. Mais la vertu est surtout l'amour du bien. Par contre, c'est à juste titre qu'Aristote fait de la vertu une habitude. De même qu'une hirondelle ne fait pas le printemps, de même un acte louable ne fait pas la vertu. On peut faire l'aumône quelquefois ; mais la charité demande qu'on fasse l'aumône très souvent. Il faut donc de toute nécessité introduire l'idée d'habitude dans la définition de la vertu. La vertu, dirons-nous, est une habitude de réaliser l'ordre, c'est à dire de faire le bien. Ce n'est pas tout encore. En vain un homme ferait d'abondantes aumônes, s'il donnait aux pauvres par ostentation, on ne pourrait le regarder comme un homme charitable : la vertu ne va point sans l'amour du bien. Nous dirons donc, et c'est là notre conclusion : La Vertu est une habitude de faire le bien par amour pour le bien.

§. 11

Les causes de la vertu.

Si l'homme aimait réellement le bien, il ne s'en éloignerait jamais. Il s'agit donc pour l'homme qui aspire à la vertu, de produire en son âme l'amour du Bien. Comment peut-il y réussir? L'amour suppose la connaissance: ignoti nulla cupido. Nous ne pouvons aimer ce que nous ignorons. Toutefois la connaissance purement intellectuelle ne suffit pas à produire l'amour. On ne le sait que trop bien: l'idée pure ne dirige pas l'homme. Que de gens n'agissent pas selon leurs croyances! Pour qu'une idée imprime une direction efficace, il faut qu'elle se colore de passion. Cela résulte de la double nature de l'homme. L'homme n'est pas esprit pur. A cause de cela il ne peut agir à la manière des pures intelligences. Les passions sont les ressorts de son action. Il faut donc, à vrai dire, que l'homme se passionne pour le bien. La passion appliquée au bien est un principe de vertu.

Mais la passion n'est pas autre chose que le mouvement d'un appétit de l'ordre sensible. Les animaux ne perçoivent rien qui dépasse les sens et ils ont des passions comme nous. L'appétit sensitif, comme l'appelait Aristote, est dirigé par les sens: l'animal recherche ou fuit ce que, à l'aide des sens, il apprécie comme utile ou nuisible. Les impressions sensibles peuvent agir sur nous sans que nos sens soient en exercice: l'image tient souvent lieu de la sensation, et

l'imagination a été justement appelée le lieute-
nant des sens. L'imagination fortifie singulière-
ment la passion, quand elle ne la produit
pas à elle seule.

Il faut donc, pour faire naître l'a-
mour du bien dans l'âme, mettre l'imagination au service de l'intelligence, associer de
fortes images aux pures idées du bien. St Vin-
cent de Paul n'eût abouti à rien s'il se fût
contenté de dire aux Dames réunies autour
de lui : Nous sommes tous frères, il faut aider
les malheureux. Non, il leur montra des enfants
qui allaient mourir de misère, et ce vif tableau
les détermina à une entreprise hardie, qu'elles
jugeaient d'abord impossible.

Fortement associer l'image à l'idée,
colorer l'idée par l'image, c'est un exercice
bien connu de ceux qui méditent. Aussi bien,
la méditation est indispensable à quiconque veut
se déterminer à l'action, soit pour le bien, soit
pour le mal: In meditatione mea exardescet
ignis. Quand on médite, le cœur s'enflamme
d'amour ou de haine. Ainsi se développent en
lui l'amour du bien et la haine du mal.

Sans doute, il y a une méditation
qui a pour objet l'idée pure. Telle est la méditation du philosophe, mais elle est d'ordinaire
stérile pour l'action. Si l'analyse des idées
pures engendre parfois l'action, c'est que les
passions ont été disciplinées d'avance et sont
déjà dirigées dans le sens indiqué par les
idées.

Une fois déterminé à agir, l'homme
s'exerce à la vertu, comme le soldat s'exerce
au combat. Sans un tel exercice, la vertu est
impossible, comme il est impossible au soldat

d'être prêt pour la victoire s'il n'a longtemps
manié les armes. La vertu est une habitude, et
l'habitude s'acquiert par l'exercice. Cette loi est
surtout vraie quand il s'agit des habitudes qui
ne vont pas sans effort. La vertu, qui ne le suit,
suppose l'effort. Sans doute, la vertu parfaite
exclut l'effort, mais elle ne peut s'acquérir sans
des efforts multipliés. Rousseau a très bien expri-
mé cette vérité quand il a dit : « Le sophisme
qui me perdit est celui de la plupart des hommes qui se plaignent de manquer de force
quand il n'est déjà plus temps d'en user. La
vertu ne nous coûte que par notre faute, et,
si nous voulions toujours être sages, rarement
aurions-nous besoin d'être vertueux. Mais des
penchants faciles à surmonter nous entraînent
sans résistance : nous cédons à des tentations lé-
gères, dont nous méprisons le danger. Insensible-
ment nous tombons dans des situations périlleu-
ses, dont nous pouvions aisément nous garantir,
mais dont nous ne pouvons plus nous tirer
sans des efforts héroïques, qui nous effraient,
et nous tombons enfin dans l'abîme en disant
à Dieu : Pourquoi m'as-tu fait si faible ? Mais,
malgré nous, il répond à nos consciences : Je t'ai
fait trop faible pour sortir du gouffre, parce
que je t'ai fait assez fort pour n'y pas tomber ».
(Les Confessions, liv. II.)

Fuir l'occasion dangereuse, réparer
les brèches, petites ou grandes, à mesure qu'elles
se produisent, habituer sa volonté à triompher
du plaisir, même permis, veiller sur soi pour
écarter jusqu'à la pensée du mal, telles
sont les règles de conduite que l'expérience
suggère à tous ceux qui aiment la vertu.
Par là ils s'exercent et atteignent le but, si

du moins ils n'oublient pas que l'homme ne peut rien de grand sans le secours de Dieu:

« Aide-toi, le Ciel t'aidera ».

Que de gens oublient cette sage maxime! Ils ont bonne volonté, et ils comptent sur la force de leurs résolutions. Ils n'invoquent pas Dieu, et ils sont étonnés de se trouver sans force contre le mal. Mais Dieu ne veut pas être compté pour rien, et Il prend soin de nous rappeler souvent, par de dures expériences, que « Sans Lui nous ne pouvons rien faire ». Nous ne pouvons pas même, sans une particulière assistance de Dieu, suivre jusqu'au bout toute notre raison. L'histoire de la Philosophie en est une preuve bien manifeste. « Aussi, disait Fénelon, suis-je très persuadé que nul homme sans la grâce, n'aurait, par ses seules forces naturelles, toute la constance, toute la règle, toute la modération, toute la défiance de lui-même qu'il lui faudrait pour la découverte des vérités mêmes qui n'ont pas besoin de la lumière supérieure de la Foi: en un mot cette philosophie naturelle, qui irait sans préjugé, sans impatience, sans orgueil jusqu'au bout de la raison purement humaine, est un roman de philosophie ». (Fénelon, Lettres sur la métaphysique; lettre VI. N° 3.)

Si l'homme ne peut, sans la grâce, diriger sa raison, même dans les bornes étroites de la raison, à plus forte raison ne peut-il, sans un secours spécial de Dieu, diriger sa volonté comme il convient. Le chemin de la vertu est plus ardu encore que celui de la vérité; nul n'y peut marcher sans défaillance, s'il est livré à ses propres forces. L'expérience, au contraire, prouve que celui qui prie comme il convient mène une vie sage et vraiment digne d'éloges «Qui recte novit orare, recte novit vivere»(Saint Augustin.)

§ III.

Les principales vertus.

La prière bien faite, l'expérience le prouve, est le principe d'une bonne vie; elle est par là même, la pratique de la vraie sagesse, car être sage, c'est vivre comme il convient à l'homme.

Ce qui convient à l'homme, c'est de tendre au bien suprême, qui est Dieu. Nous dirons donc que la sagesse est l'amour de Dieu, car tendre à Dieu, c'est l'aimer.

Les Anciens avaient bien entrevu la vraie nature de la sagesse : à leurs yeux, elle était la science du souverain Bien. Or, d'une part, le souverain Bien c'est Dieu, et, d'autre part, posséder la science du souverain Bien sans l'aimer, c'est chose impossible. Plusieurs connaissent Dieu et ne l'aiment point; mais, ou ils ne le connaissent pas comme le Bien suprême, ou s'ils le connaissent comme tel, cette connaissance n'est en eux qu'une connaissance d'emprunt, qu'ils ne se sont jamais approprié par la réflexion.

Aimer Dieu, c'est connaître le but de la vie humaine et y tendre. Cela ne se peut toutefois sans que l'homme se connaisse

aussi lui-même. Le voyageur avant de se mettre
en chemin, mesure ses forces, détermine son régime de vie, se concerte avec ses compagnons de
route, prévoit les dangers et s'arme en conséquence. Ainsi l'homme de bien sait quelles ressources il trouve en sa nature, et comment il faut la
discipliner pour qu'elle s'élève à Dieu ; il sait
que les autres hommes ont la même nature
et la même fin que lui ; il sait quelles difficultés menacent d'entraver son dessein. La sagesse consiste donc, comme l'a dit Bossuet, à
connaître Dieu et à se connaître soi-même.

Dans l'homme il y a deux éléments
bien distincts : le corps et l'âme. Le corps est
évidemment inférieur à l'âme, car la matière
ne pense point. Elle est composée, et par conséquent périssable. Au reste, dans l'homme, c'est
l'âme qui meut et dirige le corps. Elle dirige bien
ou mal, mais c'est elle qui dirige.

Pour bien diriger le corps, il faut
que l'âme le maintienne à son rang. Il est,
par nature, un instrument, non un but. Il
doit donc demeurer un instrument, et jamais
l'âme ne doit le prendre pour une fin, ce qui
arriverait si elle ne savait pas user avec modération des plaisirs du corps. C'est la tempérance qui apprend à l'homme à régler l'u-
sage des plaisirs du corps. La tempérance est
donc une suite naturelle de la sagesse. Si
en effet l'homme, par la sagesse, s'élève à
Dieu, nécessairement il s'affranchit des désirs
d'un ordre inférieur qui le sollicitent comme
par en bas, et tendent à l'asservir.

Il ne suffit pas pourtant, quand
on veut gravir une montagne escarpée, de
bien observer le régime de vie prescrit aux voya-

geurs, il faut vaincre des obstacles de toute nature. S'abstenir de tout aliment qui énerve au lieu de fortifier, c'est bien, mais il faut aussi être courageux. On peut rencontrer des animaux féroces et des voleurs ; la nature offre plus d'un péril. Ainsi le chemin de la sagesse est lui-même semé d'écueils. Ici c'est une menace de ruine, de disgrâce ou de mort ; là c'est au contraire l'attrait des plus séduisantes promesses ; plus loin, c'est un simple sourire qu'il faut savoir braver, et cela demande parfois un courage que n'ont pas toujours ceux qui savent le mieux affronter la mort. La force est la vertu qui donne au sage le moyen de braver les obstacles et de triompher des difficultés. Elle est donc, elle aussi, une dépendance, et comme une conséquence de la sagesse.

On ne fait pas seul les ascensions difficiles. On a des guides et des compagnons de route. On obéit aux guides et on se tient étroitement uni à ses compagnons de route. De même, il y a beaucoup d'hommes qui aspirent à la sagesse. Tous même devraient y tendre, car telle est leur destinée. Il est donc juste que ceux qui se proposent le même but ne se nuisent jamais et s'entr'aident de leur mieux. Il faut aussi qu'ils obéissent à ceux qui les conduisent. Cela est juste ; aussi est-ce la justice qui l'exige. La justice est donc elle-même une vertu étroitement liée à la sagesse.

La Sagesse, la Tempérance, la Force et la Justice, telles sont les quatre vertus cardinales qui, aux yeux des anciens, résumaient tous les devoirs de l'homme en tant qu'homme. Les anciens avaient raison en cela, on le voit assez par ce qui précède. La sagesse montre le but ; elle est semblable au cavalier qui guide son cheval, au pilote qui dirige son vaisseau. La tempérance assure la docilité du cheval, elle maintient le navire en bon état. La force fait braver la peur; elle écarte tout danger de naufrage. La justice enfin rend le voyage plus facile : par elle tous les compagnons de route se viennent en aide. Tout est là. On peut même dire que l'homme fidèle à ces vertus est plus qu'homme, car il ne peut les observer toutes sans le secours de Dieu. Dès lors un tel homme est chrétien par le cœur, s'il ne l'est pas à la lettre.

Des quatre vertus cardinales, la sagesse est maîtresse et reine. C'est elle, en effet, qui marque le but, et toute vertu qui ne s'inspire pas du but marqué par la sagesse cesse par là même d'être une vertu. Par exemple, c'est une sordide avarice, non une vertu, que de se priver pour amasser des trésors. Être juste par intérêt, pour ne point compromettre sa réputation, pour conserver sa clientèle, ce n'est point être juste, c'est calculer bien. Braver le danger pour faire parler de soi, ce n'est pas le vrai courage, c'est l'audace excitée par l'ambition.

La sagesse marque le but; elle règle aussi l'usage des forces d'après le but. Le courage militaire ne prescrit pas les mêmes choses au général et au soldat; le riche est tenu à de plus larges aumônes que l'homme dont les ressources sont médiocres. L'amour de Dieu, la pureté du cœur, le dévouement ne comportent pas de mesure, mais il y a une mesure à garder dans les actes que ces vertus inspirent. Bref, comme l'a dit Horace :

Est modus in rebus; sunt certi denique fines
Quos ultra citraque nequit consistere rectum.

CHAPITRE VI.

LES DEVOIRS ENVERS SOI-MÊME.

La tempérance et la force.

Le plaisir et la douleur sont les deux grands obstacles que l'homme doit surmonter pour atteindre sa fin. Nous voyons en effet que la plupart des hommes se laissent détourner du but par l'attrait du plaisir ou par le découragement en face de la douleur. Savoir résister au plaisir et vaincre la douleur, c'est rester maître de soi, c'est garder sa dignité, c'est être vraiment homme, ce qui est justement le principal devoir de l'homme envers lui-même. Si l'ordre veut que nous tendions à Dieu, que nous traitions les autres comme ayant la même nature que nous, il veut aussi que nous conservions notre rang, que nous réalisions pleinement notre nature d'homme.

C'est par la tempérance qu'on résiste au plaisir; c'est par la force que l'on supporte la douleur et qu'au besoin on la brave.

§.1.

La tempérance et la force.

La tempérance et la force sont au fond deux aspects d'une même chose : la maîtrise de soi. Être maître de soi, c'était pour les anciens la marque d'une grande sagesse ; à leurs yeux, savoir commander à soi-même était l'œuvre la plus difficile, le triomphe d'une volonté forte : « Imperare sibi, maximum imperium est.» (Sénèque) Pour cela il fallait contenir les passions et au besoin s'en servir. Contenir les passions était l'office de la tempérance ; les lancer à l'ennemi était celui de la force.

Ces vues sont absolument justes, et nos idées modernes n'en diffèrent guère, quand même nous ne donnons pas un sens aussi large aux mots tempérance et force. La tempérance pour nous consiste à bien ordonner l'usage des plaisirs du corps ; la force a pour objet la douleur à supporter patiemment ou à affronter en vue d'une fin plus élevée. Mais celui qui saurait user sagement du plaisir et de la douleur saurait par là même gouverner ses passions.

La tempérance a trois formes principales : la sobriété, la frugalité, la pureté. La sobriété et la frugalité rendent la pureté facile. Il importe donc beaucoup d'observer ces deux préceptes de Franklin : « Ne mangez pas jusqu'à être appesanti. Ne buvez pas jusqu'à vous étourdir ».

Volontiers toutefois nous ajouterions ce

que Franklin ajoute lui-même, relativement au silence : « Ne dites que ce qui peut servir aux autres et à vous-même. Évitez les conversations oiseuses. » Les hommes, en effet, commettent souvent des intempérances de langage ; d'où il suit que c'est vraiment exercer la tempérance que de se taire à propos. « La langue, dit l'Écriture, est comme le gouvernail du vaisseau. Qui sait la gouverner sait maîtriser le corps tout entier. L'homme qui ne pèche point par la langue est un homme parfait ».

Comme il est aisé de le voir, la tempérance est utile à la santé du corps comme à celle de l'âme ; la sobriété, la frugalité et la pureté sont d'excellents moyens de réaliser l'idéal des médecins grecs : « Mens sana in corpore sano ».

Les règles de la tempérance, on le voit bien aussi, exigent une grande force d'âme ; la tempérance n'est vraiment qu'une manière d'être fort. Il y a toutefois certaines vertus qui semblent plus spécialement relever de la force, comme la patience, le courage, la constance.

La patience est le signe d'une grande force, à cause de la continuité des douleurs qu'il faut souffrir. Mourir à petit feu, être tué à coups d'épingles, sont choses plus pénibles qu'une mort cruelle mais prompte. Il faut donc avant tout, pour être vraiment fort, observer ce précepte de l'Évangile : « Non turbetur cor vestrum ». — « Que rien ne te trouble, disait sainte Thérèse ». — Et Franklin : « Ne vous laissez pas troubler par des bagatelles ni par des accidents ordinaires ou inévitables ». On voit par là le grave tort de ceux qui se donnent la mort au lieu de rester à leur poste et de s'acquitter de la vie, si dure qu'elle leur paraisse. Le suicide est une lâcheté : ce n'est pas le triomphe de la volonté sur l'amour de la vie, c'est le triomphe d'une passion sur une autre passion, car c'est la peur de lutter et de souffrir qui décide l'homme à se détruire. Se donner la mort, c'est renoncer d'un seul coup à tous ses devoirs, c'est refuser de payer sa dette à la société, c'est donner un exemple funeste.

S'il n'est pas permis de se donner la mort, il faut parfois l'affronter, et cela est nécessaire toutes les fois qu'on ne peut remplir son devoir sans s'exposer à mourir. Il faut mourir plutôt que de trahir la loi du devoir : « Potius mori quam foedari ». Ainsi font les martyrs de la foi, ainsi fait le soldat qui court à l'ennemi sur l'ordre de son chef. Juvénal disait :

« Summum crede nefas vitam praeferre pudori,
Et propter vitam vivendi perdere causas ».

Le courage ne consiste pas toujours à braver la mort. Il impose parfois des sacrifices de cœur, des sacrifices d'honneur, d'amour propre, de fortune. Tel sacrifice de ce genre coûte plus souvent que le sacrifice de la vie. « Fais ce que dois ; advienne que pourra »

Quand l'heure des sacrifices généreux vient à sonner, beaucoup obéissent à la voix du devoir. Ce qui est plus rare, peut-être, c'est la constance du sage qui toujours se ressemble à lui-même et dont tous les jours sont pareils. Il y a bien de l'héroïsme à vivre de longues années dans la pratique des mêmes devoirs, devoirs simples, si l'on veut, mais austères. Il est plus aisé de vaincre un obstacle d'un jour, fût-il redoutable, que de triompher longtemps de l'inconstance naturelle à l'esprit et au cœur. A cause de cela, les sages du christianisme tiennent pour un axiome indubitable que vivre de la règle c'est vivre pour Dieu : « Qui regula vivit, Deo vivit ». Franklin disait : « Que chaque chose ait sa place et chaque affaire son temps. Prenez la résolution de faire ce que vous devez faire, et faites sans y manquer ce que vous avez résolu. — Ne perdez jamais le temps. Occupez-vous toujours à quelque chose d'utile. Abstenez-vous de tout ce qui n'est pas nécessaire ».

Au résumé, pour être vraiment homme, il faut se souvenir du précepte si cher aux Stoïciens : « Abstine et Sustine ». Abstiens-toi et supporte ; abstiens-toi de tout plaisir non nécessaire, car le plaisir tue et ne donne pas le bonheur ; supporte la vie, supporte la douleur amère, s'il le faut, porte le poids de ta propre inconstance, en demeurant toujours semblable à toi-même pour le bien.

§. 11.

De la dignité personnelle.

Les stoïciens avaient raison de dire au sage : abstiens-toi et supporte. Pourtant, ce conseil si sage, ils l'entendaient assez mal, et le commentaire qu'ils en donnaient renferme plusieurs enseignements dangereux.

a) A les entendre, il fallait s'abstenir de tout désir relatif aux choses qui, disaient-ils, ne dépendent pas de nous, comme la santé, la beauté, la richesse, les honneurs, le pouvoir... Or il est certain, d'une part, que ces choses dépendent de nous dans une assez large mesure ; d'autre part, il est louable de les désirer, comme des moyens de faire le bien, pourvu qu'on les désire avec modération, surtout avec une entière soumission à la volonté du Maître souverain de toutes choses.

b) Les stoïciens exigeaient aussi du sage

la suppression absolue des passions de l'âme. — Or les passions ne sont par elles-mêmes ni bonnes ni mauvaises; on peut les tourner au bien. Elles deviennent alors de précieuses ressources, de puissants ressorts au service du devoir. La Fontaine a donc bien fait d'écrire contre les stoïciens:

> Ils retranchent de l'âme
> Désirs et passions, le bon et le mauvais,
> Jusqu'aux plus innocents souhaits;
> Contre de telles gens, quant à moi, je réclame;
> Ils ôtent à nos cœurs le principal ressort;
> Ils font cesser de vivre avant que l'on soit mort. (L. XII, f. 20)

c) Les stoïciens conseillaient au sage de ne se mêler en rien des affaires de l'État. Abstiens-toi, disaient-ils, des honneurs, des charges publiques, de tout ce qui regarde la chose commune. — Or le vrai sage ne peut se désintéresser du bien de tous. Qu'il renonce aux emplois publics si la nécessité l'exige, on peut le comprendre, mais nul homme ne doit rester étranger au devoir social, et les gens de bien qui peuvent arriver au pouvoir ne doivent pas laisser aux méchants un tel moyen d'action.

Ces exagérations des stoïciens sont visibles. Ils avaient un tort plus grave encore. Ils ôtaient à l'homme ses désirs, ses passions, toute action sociale et ils ne lui donnaient en échange qu'une abstraction: la vertu à pratiquer pour elle-même: « Virtus propter se colenda ». Ce n'est pas ainsi qu'on peut combler le vide du cœur humain. L'amour de la vertu pour elle-même ne fera jamais accomplir à l'homme les sacrifices continuels qu'exigent de lui la tempérance et la force. Dites à l'homme de s'abstenir et de supporter, soit, mais donnez-lui quelque chose en échange, car l'homme désire le bonheur, et la vertu cultivée pour elle-même ne donne pas le bonheur à l'homme. L'homme ne peut être heureux que si ses désirs sont comblés, et ses désirs ne peuvent être comblés par un bien purement idéal.

À ce point de vue, ils ne diffèrent pas beaucoup des stoïciens ceux qui disent que l'homme doit être tempérant et fort par respect pour lui-même. Qu'il se pénètre bien du sentiment de sa dignité personnelle, et c'est assez.—La dignité personnelle, n'est-ce pas ce que les stoïciens appelaient l'honnêteté, τὸ χαθῆχον, ce qui convient, ce qui honore l'homme? Les stoïciens, on le sait, n'avaient pas l'idée de ce qui oblige, mais seulement de ce qui honore.

Garder sa dignité, c'est rester à sa place; c'est ne point se ravaler au rang des bêtes, dût-on en pâtir. « J'aime mieux un Socrate mécontent qu'un pourceau satisfait, disait Stuart Mill ». C'est bien, mais pourquoi vaut-il mieux rester à sa place, être vraiment homme que de s'avilir en ressemblant aux bêtes? C'est évidemment parce que dans l'homme on distingue la raison et les sens, et que la raison est au dessus des sens.

La raison est au dessus des sens, mais est-elle à elle-même sa fin?.. Non, car elle a pour but l'éternelle et immuable vérité, Dieu. S'il faut affranchir la raison du joug des sens, c'est pour qu'elle puisse plus aisément s'élever à son objet suprême : l'Infini.

Dès lors, pourquoi ne pas dire franchement à l'homme : abstiens-toi et supporte, mais, en échange, élève ton âme à Dieu : Seul, l'amour de Dieu peut te donner la force nécessaire pour vaincre à la fois le plaisir et la douleur. Sénèque disait, en parlant des biens périssables : Major sum et ad majora natus. Il avait raison, Sénèque, mais il faut préciser pourquoi nous sommes nés : c'est pour connaître Dieu, l'aimer et le servir.

La dignité personnelle pour elle-même,

c'est le principe de la vertu stoïcienne, c'est une demi-vérité. L'homme s'arrête à mi-chemin quand il veut simplement se tenir au-dessus des biens sensibles. Il ressemble à l'oiseau qui tenterait de planer dans les airs, sans autre fin que de planer. Il faut avoir un but précis, et le but de la vie humaine, c'est Dieu. « Fecisti nos ad te, Domine. (St Augustin.) »

Aussi bien, il est permis de juger le principe de la dignité personnelle par ses résultats.

a) L'homme qui n'a d'autre but que le respect de soi-même se prend pour la fin de ses actes. Il se regarde comme une « fin en soi » selon le mot de Kant. C'est le principe même de l'orgueil. Le sage stoïcien n'était qu'un orgueilleux : il s'estimait l'égal des dieux ; il se plaçait même au-dessus de Jupiter ; l'idée de prier pour obtenir la force d'être vertueux ne lui serait jamais venue.

b) L'orgueil est bien voisin de l'égoïsme. Ils dérivent tous deux du même principe. Sans doute l'homme qui se regarde comme fin en soi ne s'aveugle pas toujours au point d'oublier que ses semblables ont la même nature que lui ; mais il ne les prend jamais pour fins de ses actes, il ne se dévoue jamais à eux. C'est logique. ni dans sa pensée, ni en réalité, ils ne sont des fins pour lui. C'est à un tout autre titre qu'ils ont droit à son dévouement.

c) L'égoïsme ne se borne pas toujours à s'abstenir de toute œuvre de dévouement ; souvent il fait tort à autrui : il lui arrive de prendre les autres hommes pour de pures choses, pour des instruments à son usage. C'est qu'il ne peut trouver en lui le bonheur qu'il y cherchait.

L'âme humaine est par nature une capacité vide, un pouvoir de désirer ; elle ne peut donc se suffire. Si elle ne se remplit pas de Dieu, elle se rejette sur ce qui est au dessous d'elle-même. Et comme ses désirs sont insatiables, elle n'est jamais assouvie. Volontiers, elle s'asservirait l'univers.

Se prendre soi-même pour fin, c'est donc poser le principe de l'asservissem^t aux passions, c'est aboutir par une voie détournée aux pires servitudes. La vérité n'est point là, car la vérité délivre du joug des passions : « Veritas liberabit vos ».

§. III.

La manière de vivre avec soi-même.

C'est en vue de remplir sa destinée que l'homme doit être tempérant et fort. Dès lors, comment supposer que, s'il est bien pénétré de l'importance d'un tel but, il ne déploiera pas, pour l'atteindre, la même énergie que montrent les athlètes et les coureurs, quand il s'agit de vaincre à la course ou au pugilat ? Les athlètes et les coureurs s'abstiennent de beaucoup de choses, acceptent une vie dure, obéissent aveuglément à une discipline sévère, et tout cela pour un triomphe de médiocre importance. Pourquoi donc l'homme vraiment avisé n'accepterait-il pas, en vue d'affranchir son âme et de l'élever à Dieu, quelques règles de conduite dont l'expérience a de tout temps montré la haute valeur pratique.

Ces règles regardent le corps et l'âme, et s'il s'agit de l'âme, elles ont pour objet ses facultés principales : l'intelligence, la volonté, la sensibilité.

Le corps est l'instrument de l'âme.

C'est un serviteur précieux. Il faut le conserver et le fortifier. Pour cela, il faut tenir sérieusement compte des règles d'hygiène les plus connues, d'autant plus que ces règles sont par elles-mêmes des préceptes de tempérance et de force. « L'hygiène, dit Rousseau, est moins une science qu'une vertu. » (Émile, liv. I)

L'école de Salerne avait pour maxime qu'il faut être sobre, si l'on veut vivre longtemps:

Pone gulae metas, et erit tibi longior aetas.

Chacun sait cela, mais chacun oublie dans la pratique les préceptes d'hygiène qui suivent:

a) L'alcool est un poison. Le meilleur ne vaut rien. « On s'est effrayé du choléra; l'eau-de-vie est un bien autre fléau ». Ce mot de Balzac exprime une très exacte réalité, et l'on peut affirmer que l'épidémie, la guerre et l'alcool se valent quant aux résultats. (Fonssagrive). L'usage immodéré du tabac présente aussi des inconvénients sérieux pour la santé.

b) Il faut manger peu de viande. Cet aliment nourrit bien, mais il use vite les organes. En thèse générale, les aliments d'origine végétale sont préférables, surtout ceux qui renferment beaucoup de substance nutritive sous un petit volume.

c) Les dîners en ville excitent à franchir les limites de la sobriété, et on aurait peine à retrouver le texte très apocryphe de cet aphorisme d'Hippocrate ou de l'école de Salerne qui fait d'un excès gastronomique mensuel la condition d'une santé irréprochable. Cette interpolation est l'œuvre du monde des gourmands tout entier, intéressé à s'abriter derrière un texte. (Fonssagrive).

La manière de prendre les aliments intéresse aussi l'hygiène.

a) Il faut manger lentement, car il ne suffit pas d'avaler ce qu'on mange.

b) Que la préparation des aliments soit aussi simple que possible. « L'art des cuisiniers est homicide au premier chef ». (Fonssagrive)

c) Il faut boire très peu en mangeant.

Pour se bien porter, il est aussi trois choses à observer avec courage :

1° Le lever du matin. « Le lever tôt conserve la santé et la sainteté » disait Saint François de Sales.

2° Les bains d'air : Hufeland désigne par là l'exposition fréquente à l'air pur. L'exercice est nécessaire pour que l'air des poumons se renouvelle entièrement.

3° Les ablutions d'eau froide. Toutefois, à ce propos, il faut user de discernement. Locke a préconisé les bains d'éponge à l'eau froide. Ils sont très salutaires, mais ils supposent une certaine accoutumance, et par conséquent une préparation bien graduée, à défaut d'une constitution robuste.

Nous avons insisté sur les principales lois de l'hygiène. Elles sont souvent oubliées ou méconnues. Nous serons plus brefs sur l'hygiène de l'âme. On la connaît peut-être mieux.

Tout d'abord, l'homme doit cultiver son intelligence : la recherche de la vérité fait oublier les maux de la vie et diminue l'influence des passions ; souvent même elle est une heureuse diversion aux maux dont le corps souffre ou dont il est menacé. Le travail intellectuel est donc à la fois un principe de tempérance et de force, mais pour cela il doit satisfaire à certaines conditions qu'il convient de rappeler :

1° Qu'il ne soit pas éparpillé : « Distrahit animum librorum multitudo » (Sénèque)

2° Qu'il soit de préférence un travail de réflexion personnelle. C'est ce que Sénèque insinue par cet autre conseil : « Lege non multa, sed multum ».

3° Qu'il ne soit pas purement scientifique. L'étude des sciences positives est dangereuse si on s'y livre exclusivement. Avant tout il faut que l'homme connaisse bien sa nature, son origine, sa destinée et les moyens de l'atteindre. Qu'il se souvienne que l'Histoire est l'école de la vie, et que les exemples sont préférables aux préceptes : « Praecepta movent; exempla trahunt ». (Sénèque)

Une volonté sage obéit surtout aux préceptes suivants :

1° Réfléchir beaucoup avant de se déterminer. Prendre volontiers conseil. Souffrir d'être repris.

2° Mettre vivement à exécution les résolutions qu'on a prises : « De la main à la bouche la soupe se renverse» dit un vieux proverbe allemand.

3° Suivre toujours la même ligne de conduite, quand elle est bonne „ Bien faire et laisser dire „

La volonté serait impuissante contre les passions déchaînées. Il faut donc aussi savoir modérer les passions.

1° Pour cela, il est bon de tuer les passions mauvaises dans leur racine même, qui est le désir. Les Stoïciens avaient très bien compris cela, mais ils sont allés trop loin en voulant ôter à l'âme tout désir. « Ne rien demander, ne rien refuser, ne rien désirer „ tel était l'idéal de St François de Sales par rapport aux biens périssables. C'est l'indifférence du cœur, qui n'empêche pas un soin raisonnable de ce qui est utile.

2º La crainte des maux passagers doit être traitée comme le désir des biens de même ordre. C'est la réflexion qui nous délivre peu à peu de cette crainte comme de ce désir. Nos maux viennent moins des choses que de nos opinions sur les choses. La mort n'est pas un mal; elle effraie parce qu'on la regarde comme un mal. L'injure ne nous ôte aucun mérite.

3º Ces règles si sages sont le meilleur du stoïcisme. On peut les perdre de vue. Qu'on se souvienne alors de résister à la passion quand elle est faible encore.

Principiis obsta; sero medicina paratur
Quum mala per longas invaluere moras. (Ovid.)

CHAPITRE VII

DEVOIRS ENVERS AUTRUI

Justice. Charité.

Pour devenir tempérant et fort, l'homme a besoin de vivre en société. Sans la société, l'éducation de l'homme serait impossible à tous égards. Aristote a donc eu raison de dire : « L'homme est un animal sociable « Ο ἄνθρωπος ἔστι ζῶον πολιτικόν , et l'on s'étonne que Rousseau ait pu voir dans l'état sauvage l'état naturel de l'homme. La faiblesse extrême de l'enfant, le don de la parole, le désir de savoir, le besoin d'aimer, tout dans l'homme montre qu'il est fait pour vivre en relations continuelles avec ses semblables.

La Famille, la Patrie, la Société humaine en général, telles sont les trois principales sources de relations sociales.

§. I

La Famille.

La famille est une petite société qui a pour but de donner naissance aux enfants et d'en faire des hommes par l'éducation. C'est le mariage qui constitue la famille.

Le mariage, tel que le christianisme l'a fait, est un lien sacré et indissoluble, contracté devant Dieu ; c'est, comme l'a dit Saint-Paul, « un grand sacrement ».

Ainsi compris, il est digne de tous respects. C'est d'abord une haute école de vertu. Dans les tendresses d'un chaste amour, l'homme éteint le feu impur qui trop souvent le dévore. La vie commune, impossible sans le support mutuel, l'oblige à la patience. Enfin, l'éducation des enfants lui impose la nécessité de travailler beaucoup, de se dévouer et de prêcher d'exemple.

Le mariage est aussi la source d'une grande force. Fatigué de travailler, de lutter, de souffrir, l'homme trouve à son foyer le repos, le calme, la consolation. Ses peines sont partagées, ses joies sont doublées, son âme se retrempe sans cesse. On est bien fort quand on se sent aimé, quand on travaille, quand on lutte, quand on souffre pour des êtres chéris qu'on aime plus que la vie. Vraiment il n'est pas bon que l'homme soit seul, et le célibat est un grand mal quand il n'a pas pour but la liberté de servir Dieu plus parfaitement et de se dévouer aux autres pour l'amour de Dieu. Amuse-toi, ne t'engage pas, dit le célibataire égoïste, mais Dieu répond: *Væ soli!* malheur à celui qui est seul, parce que s'il tombe, personne ne le relèvera; si la douleur l'accable, personne ne le consolera; si le courage lui manque, personne ne le fortifiera.

Le célibat égoïste est mauvais, mais le mariage mal compris est lui-même une cause de maux sans nombre.

Plusieurs voient dans le mariage une affaire, un contrat avantageux; l'union des cœurs, l'harmonie des caractères ne les préoccupe pas, et la famille devient un enfer, souvent elle se dissout. De telles unions sont appelées mariages de raison; c'est une amère ironie. Il est bon, sans doute, que les époux aient la même situation de fortune; il est bon aussi qu'ils soient de même condition, mais il y a folie à faire du mariage une affaire.

Les mariages d'amour ne sont pas plus sages, car la beauté passe, et les défauts restent. La beauté ne peut suffire à fonder le bonheur: *Fallax gratia; vana est pulchritudo.* Ce qu'il faut rechercher avant tout, c'est la crainte de Dieu. *Mulier timens Dominum ipsa lau-*

dabitur. (Prov. ch. 31. V. 30.) Que ceux qui veulent contracter mariage aient donc soin de se rappeler avant tout que Dieu ne doit pas rester étranger à leur union.

Par là même, ils comprendront que cette union est indissoluble. L'homme ne doit pas séparer ce que Dieu a uni. (S. Math. Ch. XIX. v. 6.) La mort seule délie les époux. Ainsi l'exige la bonne éducation des enfants. Au reste, comment trouver le courage de travailler avec ardeur au bien d'une famille qu'un caprice pourrait dissoudre ? Puis, l'amour véritable doit-il jamais finir ?

Fondée sur Dieu, l'union des époux atteint son but : par elle, selon la loi divine, le genre humain croît et se multiplie : crescite et multiplicamini.

Telles sont les conditions du mariage : il n'est pas un simple contrat ; la mort seule peut le dissoudre ; il a pour but la naissance et l'éducation des enfants.

L'éducation des enfants est chose bien difficile, et peu la comprennent bien. On se trompe en exagérant les soins du corps, et l'on prépare ainsi à l'homme de demain une âme faible dans un corps sans vigueur. — On confond l'éducation et l'instruction, choses absolument différentes, puisqu'on peut être fort savant et plein de vices. — L'instruction, on la donne à tous, sans discernement. Le plus humble laboureur, quand il a quelque bien, veut que ses fils aillent au collège, et le collège lui rend des fils qui, parfois, le méprisent et le ruinent. Il faut mesurer l'instruction à chacun selon sa condition. Parce que cette loi est méconnue, une foule d'hommes sont déclassés, partant, inutiles, malheureux, souvent redoutables.

Qu'en aucun cas, on n'instruise un enfant en dehors de toute pensée religieuse. Si la pensée de Dieu est le principe de la perfection morale de l'homme, il y a folie à élever l'enfant sans lui parler de Dieu.

Pour élever l'enfant, il faut à la fois s'en faire aimer et craindre. L'éducation est une œuvre d'amour, d'autorité et de respect. Par là même, l'enfant doit à ses parents l'obéissance, le respect et l'amour.

L'autorité paternelle, indispensable à l'éducation de l'enfant, est limitée par son but même. Sans doute, le père de famille demeure maître chez lui ; tous ceux qui habitent sa maison lui doivent obéissance, mais il n'a pas autorité sur ses enfants en ce qui ne concerne ni l'éducation ni le gouvernement de sa maison. Par exemple, il ne peut imposer le choix d'une carrière. Rien n'est plus grave que le choix d'une carrière ; pourtant, seul, l'enfant est maître de ce choix. Ses parents peuvent le diriger ; ils peuvent l'empêcher de faire un choix déshonorant pour la famille, mais là s'arrête leur pouvoir. Surtout, ils n'ont pas le droit d'empêcher un enfant de se donner à Dieu.

Nous avons indiqué les principaux devoirs de famille. Parfois la famille se complète par des domestiques. De là des devoirs nouveaux, faciles à déterminer. On les remplira sans peine de part et d'autre, si les domestiques sont considérés comme membres de la famille et s'ils se regardent eux-mêmes comme tels.

§. II.

La Patrie, l'État et les Citoyens.

La famille est l'école du citoyen. C'est dans la Famille qu'il faut apprendre à aimer la Patrie. On l'oublie parfois, et l'exagération des affections de famille produit une sorte d'égoïsme qui est une fâcheuse disposition à se désintéresser de tout ce qui regarde la nation. En vérité, tout homme est membre d'une nation comme il est membre d'une famille, et la Patrie, c'est la terre où ont habité de tout temps les membres d'une même nation, c'est la terre des ancêtres. Il y a une patrie parce qu'il y a une nation, et il y a une nation parce qu'il y a une patrie. La différence des nations tient en effet de la différence des races, et la différence des races est due en bonne partie à la différence des climats. A cause de cette étroite corrélation entre le pays et la race, on identifie volontiers la patrie et la nation. L'idée de patrie pourtant implique encore d'autres idées que celle de terre des ancêtres et celle de race. La terre des ancêtres fait penser à leur gloire, et la gloire des ancêtres est un précieux patrimoine pour leurs descendants. De plus, ceux-ci, par le fait même qu'ils forment une nation, ont des intérêts communs; en ce sens, la patrie, c'est la chose commune.

Toute nation, par le fait même qu'elle existe, vit sous l'autorité d'un gouvernement qui s'appelle l'État, sans doute parce qu'il assure la stabilité de l'ordre. L'autorité de l'État est indispensable à la Nation, car la nation est une société, et toute société est impossible sans une autorité. Par là même, il est vrai de dire que toute autorité vient de Dieu, car c'est Dieu qui a créé l'homme sociable. À coup sûr, ce n'est pas Dieu qui désigne directement le dépositaire de l'autorité civile, mais cette autorité, quel que soit son mode de transmission, a Dieu pour origine. Le peuple peut transmettre l'autorité, mais il ne la délègue pas. Selon la théorie du contrat social, le peuple est souverain, il délègue l'autorité, et il peut la retirer à son gré. — Cette thèse serait vraie si l'autorité venait du peuple, mais elle vient de Dieu, parce que Dieu a créé l'homme sociable. Si telle est l'origine de l'autorité, il est clair que l'autorité est établie pour le bien de tous, et non dans l'intérêt d'une partie seulement des citoyens. Un gouvernement trahit sa mission et devient tyrannique quand il gouverne au profit d'un parti. Dès lors, il cesse d'être légitime. Est-ce à dire qu'on puisse le renverser par une sédition ?. Non, l'insurrection n'est pas un droit, car la tyrannie est un moindre mal que la révolte. Poser en principe le droit d'insurrection, c'est s'exposer au plus terrible des fléaux, la guerre civile en permanence.

Pour bien user de son autorité, l'État doit faire des lois justes. Les lois injustes n'obligent pas. Telles sont les lois opposées à la loi de Dieu ou contraires à l'équité naturelle.

Les lois seraient impuissantes si elles étaient dépourvues de toute sanction. Il faut donc un code pénal et des juges pour l'appliquer. L'état a le pouvoir judiciaire et le droit de punir. Le droit de punir implique le droit de vie et de mort, qui a de tout temps été reconnu comme une prérogative du pouvoir civil.

Il faut punir les coupables, mais il vaut beaucoup mieux prévenir les fautes. De là le pouvoir exécutif, qui veille à l'observation des lois, et, par une surveillance bien faite, enlève aux malfaiteurs la facilité du crime. Le pouvoir exécutif ne serait pas respecté par les mauvais citoyens si la force publique n'était là pour leur en imposer. Il faut des agents de police et des gens d'armes.

Il faut des soldats aussi, et cela, pour assurer la paix. « Si vis pacem, para bellum » Les armées permanentes sont indispensables toutes les fois qu'un pays est exposé aux invasions de ses voisins.

Telles sont les principales fonctions de l'État. Toutes, on le voit, résultent de sa mission, qui est de travailler au bien de tous. Toutes les fois que l'État s'arroge des attributions étrangères à sa mission, il dépasse ses droits. Il doit laisser à tous les citoyens la liberté compatible avec l'intérêt commun. Seulement, la liberté n'est pas la licence : on ne peut laisser aux citoyens la liberté du mal comme la liberté du bien. Il n'est pas permis, par exemple, de tout dire, ni de tout écrire. La liberté absolue de la presse serait un principe de ruine. L'État dépasse aussi ses pouvoirs quand il s'arroge les attributions du pouvoir spirituel. L'Église ne doit pas être asservie à l'État. Il faut rendre à César ce qui est à César, mais à Dieu ce qui est à Dieu. L'union des deux puissances, s'exerçant chacune dans ses limites, voilà l'idéal d'une société civile.

Les prérogatives de l'État impliquent évidemment des devoirs à remplir par les citoyens. — Le premier devoir du citoyen est l'obéissance aux ordres légitimes et aux lois justes. « Qui résiste au pouvoir résiste à l'ordre établi par Dieu, et ceux qui lui résistent, s'attirent à eux-mêmes la damnation ». (St Paul, Epître aux Romains, XIII. 2.) Tel est l'enseignement invariable de la Religion chrétienne.

Il faut payer les impôts. Cela se comprend, car sans argent, l'État ne peut administrer. Tout impôt n'est pas juste. Pour qu'un impôt soit juste, il faut qu'il soit nécessaire au bien public, il faut qu'il soit équitablement réparti; il faut qu'il ne soit pas une charge intolérable à ceux qui doivent le payer. Il n'est pas facile de juger de la nécessité d'un impôt pour le bien de tous. Ceux qui sont aux affaires peuvent seuls apprécier l'étendue des charges que l'État doit supporter. On remarque plus aisément le manque d'équité dans la répartition des impôts. Enfin, si un citoyen, après avoir satisfait aux exigences du fisc, n'a pas de quoi vivre et faire vivre les siens, il est clair que l'impôt est trop lourd pour lui. Tout citoyen doit pouvoir vivre selon son état, entretenir sa famille et mettre quelque chose en réserve pour l'avenir.

Si l'impôt est obligatoire, que penser des contrebandiers! Il faut toutefois distinguer les contrebandiers de profession et les honnêtes citoyens qui ne se croient pas tenus de déclarer à l'octroi ou à la douane certains produits qu'ils apportent pour leur propre usage. Les contrebandiers, on ne peut les excuser. Quant aux bons citoyens qui croient pouvoir se permettre une petite fraude de temps en temps, il faut les engager vivement à payer à César tout ce qui appartient à César. Ainsi parlent unanimement tous les théologiens. Ils n'osent pas condamner nettement les petites fraudes des honnêtes gens, mais ils s'accordent à tâcher de les prévenir.

L'État a le droit de lever des troupes; d'où, pour les citoyens, l'obligation du service militaire. Cette obligation est-elle la même pour tous? On ne peut l'affirmer. Ce qui est certain, c'est qu'il faut servir son pays, et qu'on peut servir son pays de bien des façons. Tous n'ont pas les mêmes aptitudes. Tel est bien l'ordre naturel. Il souffre exception quand la patrie est en danger. Tout le monde alors doit lui venir en aide. Mais, même alors, il y a plusieurs manières de la servir. On peut donc, si on le veut, tenir compte, dans la mesure convenable, de la carrière et des aptitudes de chacun, tout en utilisant ses services.

En tout temps, il faut s'intéresser à la chose publique. Il faut donc, par exemple, si la constitution de l'État le comporte, voter pour avoir de bons chefs, ou, à l'occasion, pour protester contre une autorité dont les actes sont nuisibles au pays.

C'est un devoir très sérieux que celui de prendre part, dans la mesure du possible, aux affaires de son pays. Négliger ce devoir, c'est se rendre coupable, et cela d'autant plus gravement que les conséquences prévues d'une telle négligence paraissent plus considérables.

Que le citoyen identifie ses intérêts avec ceux de sa Patrie. Par ce moyen, la Patrie deviendra grande et forte, et la gloire de la Patrie fera honneur au citoyen.

§. III.

Justice et Charité.

L'État a des devoirs envers les citoyens, et les citoyens ont des devoirs envers l'État. Mais une société, quelle qu'elle soit, serait ingouvernable si ceux qui la composent étaient sans cesse divisés. Il faut donc que les hommes, par le fait même qu'ils forment toujours une société, s'efforcent de vivre en bonne harmonie. Or l'expérience fait assez voir que la grande cause des divisions c'est que, dans la pratique, on ne rend pas à chacun ce qui lui est dû.

Rendre à chacun ce qui lui est dû, c'est la justice. Il faut donc être juste envers autrui, et tel est le premier des devoirs sociaux. Il résume tous les autres.

Ce qui est dû à chacun, c'est son droit. Le droit de tout homme, c'est le pouvoir qu'il a d'agir librement dans les limites de l'ordre moral. Il faut que tout homme ait à sa disposition tout ce qui lui est nécessaire pour remplir commodément ses devoirs. Voilà le droit. Il est la condition du devoir.

Cela posé, le premier des droits est évidemment le droit de vivre. La vie est l'étoffe du devoir. D'où ce premier précepte de la justice: tu ne tueras point. En vertu de ce précepte, il faut condamner le duel. Celui qui se bat en duel s'expose à tuer un homme sans raison suffisante. Il s'expose lui-même à la mort sans raison suffisante. Enfin il n'a pas le courage de braver un préjugé. Ce n'est pas à la pointe de l'épée que le droit s'établit, et nul n'a le droit de se faire justice à lui-même. (x)

La vie est impossible sans la Propriété. Il faut s'entretenir et entretenir les siens. Par conséquent la justice interdit le vol: Tu ne déroberas point.

Vivre riche et déconsidéré, c'est une situation intolérable. Il est bien difficile à l'homme de remplir ses devoirs quand il ne jouit pas de l'estime des autres. Donc il est injuste de médire, de calomnier et d'insulter.

Voilà les préceptes les plus essentiels de la justice: d'une manière générale, elle nous prescrit de traiter les autres comme nous-mêmes. Les autres, en effet, sont nos égaux par nature. Ils ont par conséquent la même fin que nous, et l'ordre veut qu'à ce point de vue, nous les traitions en égaux.

Ainsi entendue, la justice comprend d'autres devoirs que ceux qui viennent d'être énumérés. Pour être vraiment juste, c'est à dire pour traiter son prochain comme soi-même, il

---

(x) Ces raisons suffisent pour faire comprendre la sévérité de l'Église contre le Duel. Nous extrayons ce passage de la Bulle. Apostolicae sedis: Excommunicationi latae sententiae Romano Pontifici reservatae subjacere declaramus:

III. Duellum perpetrantes, aut simpliciter ad illud provocantes, vel ipsum acceptantes, et quoslibet complices, vel qualemcumque operam aut favorem praebentes, nec non de industria spectantes, illud-que permittentes cujuscumque dignitatis sint, etiam regalis vel imperialis.

ne suffit pas de le laisser vivre, de ne point lui prendre ce qu'il possède, de ne porter atteinte ni à son honneur, ni à sa réputation, ni à l'innocence de ses mœurs, ni à sa liberté. Il faut aider positivement le prochain à atteindre sa fin par l'accomplissement de ses devoirs. « Vous aimerez votre prochain comme vous-même » Aimer son prochain, c'est la formule des devoirs de charité, qu'on oppose d'ordinaire aux devoirs de justice. En réalité, il n'y a aucune opposition entre la charité et la justice : ce sont là simplement deux formes d'une même vertu, qu'on pourrait appeler l'équité. L'homme juste est celui qui traite vraiment son prochain comme lui-même. Il accomplit deux sortes de devoirs, dont les uns sont surtout négatifs et les autres surtout positifs. Les formules antiques de ces devoirs sont bien connues.

1º Ne faites pas à autrui ce que vous ne voudriez pas qui vous fût fait ; (devoirs négatifs)

2º Faites à autrui ce que vous voudriez qui vous fût fait. (Devoirs positifs.)

Les devoirs négatifs obligent toujours, tandis que les devoirs positifs ont leurs intermittences. On n'a jamais le droit de voler, mais le devoir de l'aumône ne s'impose pas à toute heure.

Les devoirs négatifs sont très faciles à préciser, tandis qu'il n'est pas aisé de fixer au juste la limite des devoirs positifs. Il ne faut rien voler, et si l'on a volé quelque chose, il faut le rendre intégralement. Qui peut déterminer dans quelle mesure il faut faire l'aumône ? Kant avait distingué les devoirs stricts et les devoirs larges. Cette distinction est mauvaise. Tout devoir oblige strictement, mais il y a des devoirs moins précis que d'autres.

Les devoirs négatifs correspondent à un droit de revendication sociale : l'État peut contraindre les citoyens à restituer s'ils ont volé, et il punit certains scandales, il a des peines contre les diffamateurs et les insulteurs.— Les devoirs positifs ne sont pas aussi essentiels à la sécurité sociale que les devoirs négatifs. Pour cette raison, l'État ne punit pas ceux qui ne les observent point.

Malgré ces différences, les devoirs positifs et les devoirs de charité relèvent d'un même principe : l'équité. On n'est pas pleinement juste sans être charitable. La charité, Leibniz l'a fort bien dit, n'est qu'une forme plus parfaite de la justice. Tous nos devoirs envers le prochain se résument en ce seul mot : Diliges.

Il faut aimer le prochain comme soi-même. Cela ne veut pas dire qu'il faut traiter le prochain sur le pied d'une égalité absolue. Si l'on est riche, on n'est pas obligé de se dépouiller de ses biens parce que tous les hommes sont égaux. Le savant n'est point tenu de communiquer sa science à tous ses semblables. Ce sont là des interprétations étranges du précepte divin par excellence. Aimer les autres comme soi-même, c'est vouloir qu'ils arrivent à leur Fin, comme on doit s'efforcer soi-même d'y arriver.

Aussi bien, c'est leur vouloir le bien essentiel, le seul véritable. C'est donc les aimer parfaitement, car aimer c'est vouloir du bien... St Jean, sur ses vieux jours, redisait sans cesse à ses Fidèles : « Filioli, diligite alterutrum » Et les Fidèles de St Jean étaient fatigués de l'entendre toujours dire la même chose. Ils lui demandèrent la raison de cette monotone exhortation, et il répondit : « Quia praeceptum Domini est, et si solum fiat sufficit ».

CHAPITRE VIII.

Devoirs envers Dieu.

La Sagesse.

Aimer les hommes, comment y réussir si l'on ne voit en eux les images de Dieu? Les hommes sont peu aimables par eux-mêmes: ils ont, la plupart du temps, des misères repoussantes; en outre, ils sont presque toujours égoïstes, ingrats, injustes. Il est impossible de les aimer vraiment sans les aimer pour Dieu. De fait, qui se soucie de faire du bien aux hommes, qui ne cherche pas ses propres intérêts en dehors de ceux qui connaissent Dieu et veulent le servir?

§. 1

La connaissance de Dieu, premier principe de la sagesse.

Ceux-là sont les sages. La sagesse en effet, en tout ordre de choses, consiste à connaître la cause la plus profonde, la plus reculée. Par le fait même, la sagesse par excellence consiste à connaître la cause la plus reculée de tout, la cause première.

La cause première n'a pu produire ces choses que pour elle-même, puisque rien n'existait en dehors d'Elle. Elle est donc à la fois cause efficiente et cause des choses : c'est elle qui produit, et c'est pour elle qu'elle produit, non par égoïsme, mais par bonté, pour donner, tout en donnant librement. Il n'y a de joie à donner que si le don est fait à une créature capable de le comprendre et d'en rendre grâces. À cause de cela, l'homme, créature intelligente, doit rendre grâces à Dieu au nom de la création. Il doit aimer Dieu, en retour de ses bienfaits. La sagesse consiste donc, non seulement à connaître Dieu, mais à l'aimer.

Aimer Dieu, ce n'est pas simplement penser à lui, ou même lui rendre grâces, c'est surtout accomplir sa volonté. L'amour de l'homme pour Dieu ne doit en rien ressembler à celui du petit enfant pour sa mère : l'enfant caresse sa mère, mais il ne veut pas, pour l'amour d'elle, faire le sacrifice d'un fruit qu'on lui a donné. Dieu ne peut vouloir être aimé de cette façon. On ne peut l'honorer que par un amour généreux, qui n'est autre chose que la conformité à sa volonté sainte.

Connaître Dieu, l'aimer, le servir, telle est l'expression de la plus haute sagesse, parce que tel est le but de la vie humaine. Ce n'est pas pour passer tant bien que mal quelques jours ou quelques années sur la terre que l'homme a reçu la raison et la liberté : ces dons précieux n'étaient pas nécessaires pour une fin si peu relevée ; si l'homme est intelligent et par le fait même capable d'actes libres, c'est pour rendre hommage à son créateur, et se soumettre librement à sa loi.

Mais l'insensé a dit en son cœur : Dieu n'existe point. (Ps. 13. 1.) — C'est vrai, l'insensé de tous les temps a dit cela, et c'est pour cette raison justement qu'on doit l'appeler insensé. Il ne croit pas à Dieu parce que Dieu n'est pas visible. Cela implique la négation même de l'intelligence, car l'intelligence a pour objet de discerner l'invisible à travers les choses visibles. La moindre proposition scientifique, par le fait même qu'elle est universelle, est indépendante des temps, des lieux et des individus ; elle appartient donc à l'ordre invisible, car les choses visibles sont toutes particulières, soumises à la loi du temps et à celle de l'espace. On ne peut donc nier l'invisible, sous peine de nier la science et toute vérité universelle. Or la vérité suppose un esprit éternel qui est, selon le mot de Leibniz : « la région des vérités éternelles ». Que l'athée d'ailleurs se rende compte de ce fait indéniable : la croyance des hommes à une divinité. Qu'il l'explique s'il le peut, par les causes ordinaires d'erreur : l'irréflexion, la passion, les préjugés d'éducation etc... — On n'a pas encore pu, dit Kant, démontrer que Dieu n'existe pas. Il est vraisemblable qu'on ne le démontrera jamais.

Soit, disent les agnostiques modernes : Dieu existe, car le relatif suppose l'absolu, le contingent suppose le nécessaire, les causes secondes supposent une cause première. Mais cette cause première est inconnaissable. Nous ne connaissons rien qui ne soit limité, imparfait par conséquent. — Il est vrai, nous ne connaissons pas pleinement Dieu, Être parfait, mais de là à dire que nous ne le connaissons pas du tout, il y a loin. Nous connaissons Dieu par les choses qu'il a produites. Par les perfections des créatures, nous découvrons quelque chose des perfections divines. Et cela nous suffit. Dieu, entrevu à la faveur d'un demi-jour, nous est assez connu pour nous paraître digne d'amour. Nous savons qu'il est l'auteur de tout bien, et c'est assez.

Si Dieu est bon, pourquoi le mal? Autre difficulté que soulèvent quelques hommes aigris par la souffrance. Ils ne comprennent pas la nécessité de souffrir, ils ne savent pas voir que la douleur, si on sait en user, peut devenir le principe de biens très grands, et qu'en général, si Dieu permet le mal, c'est qu'il est assez puissant pour en tirer le bien.

Aucune raison sérieuse ne peut dispenser l'homme de connaître Dieu, car les raisons de croire en Dieu sont à la portée de tous. La connaissance de Dieu est le premier principe de la Sagesse, parce qu'elle indique le but de la vie humaine. Si Dieu est bien connu, on l'aime, et si on l'aime véritablement, on est disposé à faire sa volonté.

§. II.

La connaissance de soi-même, second principe de la sagesse.

Il faut que celui qui s'approche de Dieu, dit St Paul, commence par croire que Dieu est et qu'Il récompense ceux qui le cherchent.

(St. Paul, Épître aux Hébreux, XI, 6). Fénélon s'est trompé quand il a pensé que nous pouvons aimer Dieu d'un amour purement désintéressé, qu'il appelait le pur amour. L'église catholique, tenant compte de la nature humaine a condamné le livre des Maximes des Saints, en dépit de la très grande bienveillance que lui inspirait son auteur. C'est que l'homme cherche en tout son bonheur; c'est une loi fondamentale de son être. On ne pourrait donc lui persuader d'aimer Dieu pour lui-même, sans aucun espoir de récompense.

Les récompenses que la sagesse peut offrir en ce monde, sont très insuffisantes. On le voit assez, si on considère le très grand nombre d'hommes qui s'éloignent du droit chemin. Il est vrai, ils ne réfléchissent point, ils ne songent pas que, tout compte fait, le sage, bien qu'il ait à souffrir beaucoup, est plus heureux que l'homme vicieux. Mais c'est précisément à cause de l'irréflexion de la plupart des hommes, qu'on peut affirmer que l'apparente insuffisance des récompenses temporelles de la vertu est une cause réelle de défections. La pensée d'un bonheur parfait dans une vie à venir est plus à leur portée, elle réussit mieux à les détourner du mal, elle y réussirait tout-à-fait si elle leur était toujours présente.

Mais la première condition de l'espoir d'un bonheur futur; c'est la croyance à la vie future. Et la croyance à la vie future a ses fondements dans la connaissance de l'âme humaine. Bossuet a donc eu grandement raison de dire : « La sagesse, c'est la connaissance de Dieu et de soi-même ». (Traité de la conn. de Dieu, Ch. 1)

Le résultat le plus important d'une étude sérieuse de l'homme est la définition même de l'homme : l'homme n'est pas un simple animal, c'est un animal doué de raison. Cette petite formule est grosse de conséquences : si l'homme est doué de raison, il peut subsister sans organe, car la raison diffère totalement des sens : la raison a pour objet l'universel ; les sens n'ont pour objet que le particulier ; la raison se replie sur elle-même par la réflexion ; l'action des sens n'est jamais réflexive ; la raison n'a jamais trop de lumière ; les sens sont souvent gênés, altérés ou même détruits par leur objet. D'où ce mot d'Aristote : « c'est sans organe qu'on pense ». Il y a donc moyen de penser après la mort, et par conséquent de survivre au corps. Le cerveau, indispensable à la pensée de l'âme unie au corps n'est pas indispensable à la pensée prise en elle-même.

Si l'homme est raisonnable, il est libre. La raison, en effet, par le fait même qu'elle n'est pas limitée à la simple connaissance d'un objet déterminé et particulier, fait naturellement le tour des choses, elle en découvre les aspects divers. Elle connaît le pour, le contre, les avantages et les inconvénients d'une démarche à faire, d'une carrière à choisir, par exemple. Par là même, elle met l'homme en état de choisir, et fonde ainsi sa liberté, car la liberté n'est pas autre chose que la faculté de choisir après délibération. Quand on délibère, on porte successivement son attention sur des motifs distincts, ou bien on examine alternativement des motifs opposés : c'est en cela précisément que consiste la liberté du choix, et c'est pour cela que le choix, une fois déterminé, demeure libre, parce que l'on peut toujours y revenir. C'est donc par ce qu'il est raisonnable que l'homme est libre.

C'est par sa raison aussi qu'il connaît

l'ordre des choses, c'est à dire la gradation des êtres. Dieu au sommet, les êtres intelligents au dessous de Dieu, et en dernier lieu tout ce qui n'a point la raison. Cet ordre, l'homme peut le troubler dans une certaine mesure ; sans doute, il ne peut pas faire que les êtres finis soient au dessus de l'Être infini, mais il peut préférer des êtres finis à l'être infini ; de même il ne peut pas faire que le corps soit plus que l'âme, mais il peut, dans sa conduite, asservir son âme à son corps. Bref, sans rien changer à l'ordre naturel des choses, il peut oublier que l'ordre naturel a pour conséquence un certain ordre dans la finalité des êtres : Tout est fait pour Dieu, tout doit donc tendre à Dieu, soit directement, soit par l'intermédiaire de l'homme. Dieu est la fin immédiate de l'homme ; les êtres inférieurs sont au service de l'homme, mais pour l'aider à atteindre sa fin ; cet ordre de finalité est l'ordre moral. L'ordre moral, pouvant être au gré de l'homme, respecté ou violé, est la matière même du devoir. Donc, par le fait même que l'homme est raisonnable et libre, il a des devoirs.

Pour accomplir ses devoirs, c'est à dire pour observer librement l'ordre moral, l'homme doit s'imposer des souffrances. Il faut qu'il soutienne une lutte perpétuelle avec lui-même, car il a des passions qui sont bien souvent en opposition avec sa raison. Les souffrances que le devoir exige de l'homme lui donnent droit à une compensation, parce que sa nature est de rechercher le bonheur. Si le désir naturel du bonheur ne pouvait se réaliser, la sagesse de Dieu serait en défaut. « Naturale desiderium non potest esse inane » disait Saint Thomas. Tous les désirs qui nous sont naturels correspondent à un objet : il y a des aliments pour la faim ; il y a des boissons pour la soif ; pourquoi donc le désir le plus naturel de tous, puisqu'il semble être le fondement de tous les autres, serait-il sans objet ?

Le désir du bonheur n'est pas seulement le plus naturel de tous ; il a un certain caractère d'infinité : rien ne peut l'assouvir. « L'homme, disait Pascal, n'est créé que pour l'Infinité ». Borné dans sa nature, il est infini dans ses vœux. C'est la marque de l'ouvrier. C'est Dieu qui a fait l'homme, et Dieu a donné à l'homme des désirs insatiables, que seul Dieu peut satisfaire. De là ce mot si connu de St Augustin : « Fecisti nos ad te, Deus, et irrequietum est cor nostrum donec requiescat in te ».

La récompense réservée à l'homme, et seule en rapport avec ses désirs, est donc Dieu lui-même, conformément à ce mot de l'Écriture : « Ego ero merces tua, magna nimis ». (Gen. XV. 1)

Voir Dieu un jour, l'aimer, dire ses louanges, tel est le dernier terme de la vie humaine, telle est la fin de l'homme. « Videbimus, amabimus, laudabimus ». (St Augustin.) Vivre sur la terre dans cette espérance, chercher à la réaliser, faire pour cela tous ses efforts, c'est agir en vrai sage, car le sage ne se borne pas à connaître la fin, il cherche à l'atteindre : « Sapientis est ordinare ». (St Thomas).

C'est à cette sagesse que peut conduire la connaissance approfondie de l'âme humaine, et à ce titre, l'étude de l'âme peut être considérée comme un vrai devoir envers Dieu. Saint Augustin mettait ces deux devoirs sur la même ligne : « Domine, noverim te, noverim me ».

§. III.

La prière, troisième principe de la sagesse.

Le principe socratique : « Γνῶθι σ᾽αυτον » a plusieurs sens. Par connaissance de soi-même, on peut entendre la connaissance de l'âme. Incontestablement, cette connaissance est un principe de sagesse, puisqu'elle fait concevoir des espérances immortelles et aussi la crainte salutaire de l'au-delà. Elle sert de plus à nous faire connaître Dieu, car si l'homme trouve en lui l'intelligence, la bonté et l'amour de la justice, il doit bien penser que ces mêmes choses sont en Dieu au degré le plus parfait. A double titre donc, la connaissance de soi-même ainsi comprise élève l'homme jusqu'à Dieu, et, par le fait, contribue à le rendre sage.

Par connaissance de soi-même, on entend la connaissance des défaillances morales auxquelles l'homme est sans cesse exposé. A ce titre encore, la connaissance de soi-même est le principe d'une haute sagesse : l'homme qui connaît bien sa misère ne se confie point en ses propres forces, il implore volontiers le secours d'en Haut : il prie. La prière est la sagesse en pratique : par elle, nous témoignons que Dieu nous est connu, que nous avons confiance en lui, que nous le regardons comme un bienfaiteur, que nous lui sommes reconnaissants et que nous désirons le servir.

Par elle aussi nous obtenons tous les secours nécessaires pour le servir en effet.

À cause de cela il est bien surpre-
nant que l'on ait songé à soulever des objec-
tions contre le précepte de la prière. Rien n'est
plus nécessaire à l'homme que de prier.

La prière est inutile, dit-on, car Dieu
sait ce qu'il nous faut. — Oui, Dieu sait ce qu'il
nous faut, mais il désire que nous sentions
notre indigence, et par là même, le besoin que nous
avons de lui. Ainsi un père se plaît à entendre
son enfant lui exprimer ses désirs.

— Pourquoi prier, dit-on encore ? c'est
sans doute pour que celui à qui la prière est
adressée se rende aux désirs de celui qui la
fait. Or Dieu ne change point. Il a ses desseins,
et rien ne saurait faire fléchir sa volonté. —
Ce n'est pas pour faire fléchir la volonté de
Dieu que nous prions, mais pour obtenir ce que
Dieu a résolu d'accorder à nos prières. De toute éternité Dieu a pensé que tel bien lui serait
demandé et que la prière l'obtiendrait. Dieu,
en ordonnant la destinée d'un homme a tenu
compte des prières que cet homme lui adresse-
rait un jour. « Pourquoi, dit Joseph de Maistre,
employez-vous les pompes dans les incendies ?
— Oh ! c'est bien différent, me dira-t-on, car, si
c'est une loi que le feu brûle, c'est aussi
une loi que l'eau éteigne le feu... Et moi
je répondrai : Si c'est une loi que la foudre produise tel ou tel ravage, c'est aussi une loi
que la prière répandue à temps sur le feu du
ciel l'éteigne ou le détourne. » C'est une loi que
Dieu a ses desseins immuables, mais c'est aussi
une loi qu'il exauce la prière bien faite,
et que à ce titre nous sommes les artisans de

notre destinée

On insiste : il est plus digne de Dieu de donner sans être prié. Cela montre une libéralité beaucoup plus grande. — Dieu nous donne beaucoup de choses sans que nous les ayons jamais demandées ; nous ne lui avons demandé ni l'existence, ni la raison, ni la bonne éducation ; il nous a donné tout cela. Par contre, il est d'autres choses que nous devons lui demander ; il l'exige pour notre utilité personnelle. Par là nous nous habituons à avoir confiance en Lui et à Le reconnaître comme l'auteur de tout bien.

La prière est donc légitime. Elle est légitime parce qu'elle est nécessaire : sans elle nous n'avons pas la force de bien faire, ni même de rester dans le vrai. Tel est le double sens de cette parole célèbre de Salomon : « J'ai su que je ne pouvais conserver la sagesse si Dieu ne m'en donnait la force, et à cause de cela je suis allé le prier ». (Sagesse, ch 8, § 21).

« De plus, c'est un fait observé depuis l'origine du monde que la prière est pour l'âme une consolation, un appui, une force ; la prière substitue la résignation religieuse à l'endurcissement des stoïciens. La prière entre dans le plan du monde moral comme le travail entre dans le plan du monde physique et l'étude dans le plan du monde intellectuel. De même que Dieu tient compte du travail pour fertiliser la terre, de l'étude pour développer l'esprit, de même Dieu tient compte de la prière pour éclairer l'âme et soutenir le cœur. Malheur donc à l'imprudent qui s'aveugle lui-même et se ferme cette source de lumière, de bonheur et de force, le secours de Dieu ! » (H. Pel.

Pissier, cours de philosophie, leçon XXXIX.)

L'homme est à la fois âme et corps. Si donc il prie, qu'il ne néglige point d'associer son corps à sa prière. L'attitude suppliante ou au moins respectueuse favorise la piété; les formules aident l'esprit à trouver ce qu'il faut dire. La plus belle formule de prière est le Pater. Celui qui la prononce avec piété reconnaît que Dieu est le Père de tous, et que sa majesté éclate surtout dans les cieux. Puis il formule sept demandes, dont deux regardent la destinée humaine, deux les moyens de l'atteindre et trois les obstacles à éviter. Si l'homme, sur la terre, adore Dieu en esprit et en vérité, si, plus tard, il entre dans le royaume des cieux, sa destinée est remplie. De là ces deux demandes: Sanctificetur nomen tuum; adveniat regnum tuum. Pour remplir sa destinée, l'homme doit faire la volonté de Dieu et en avoir la force. A cause de cela il dit: Fiat voluntas tua; Panem nostrum quotidianum da nobis hodie. Les obstacles au bonheur de l'homme sont le mal moral, les occasions de le commettre et surtout l'extrême souffrance, qui porte l'homme à se révolter contre Dieu. Il ajoute donc: dimitte nobis debita nostra..; Et ne nos inducas in tentationem; sed libera nos a malo.

Tout le nécessaire, on le voit, est renfermé dans cette admirable prière. Nous n'insistons donc point. Nous n'avons pas dit tout ce que l'homme doit à Dieu. Nous n'avons point parlé du culte social ni du culte public; nous n'avons rien dit de la nécessité de choisir la vraie religion. C'est que, à notre avis, les quelques préceptes que nous avons donnés, s'ils étaient fidèlement observés, assure-

raient à l'homme la lumière nécessaire pour connaître ses devoirs, et la force de les bien remplir.

Que l'homme donc s'applique à
connaître Dieu, qu'il entretienne dans son âme
l'espoir d'une vie meilleure, et que, par la prière,
il s'efforce surtout d'obtenir les biens invisibles.
Les autres lui seront donnés par surcroît. « Quæ-
rite primum regnum cælorum, et hæc omnia
adjicientur vobis ». (St Luc. C. XII v. 31.)

CHAPITRE IX.

La morale

et l'économie politique.

Frédéric Le Play est devenu croy-
ant parce qu'il a trouvé dans le décalogue la
synthèse des lois économiques suggérées par
l'expérience. C'est une nouvelle affirmation de
l'accord qui existe entre l'intérêt des hommes et
leur devoir, entre la science de la richesse sociale et la science des devoirs.

La science de la richesse sociale

s'appelle l'Économie politique. Elle est née d'hier. Aristote y avait songé, et avait même voulu la nommer « science de la richesse », mais, en réalité, Boisguillebert, ami et collaborateur de Vauban, fut le premier qui aborda l'économie politique. Il écrivit sur la liberté du commerce, pour prouver le vice du système de Colbert. Colbert avait gêné le commerce des grains dans le but de procurer une nourriture à bon marché aux ouvriers des manufactures. Au siècle suivant, Quesnay, médecin de la cour de Versailles, fonda la première école des économistes français, dite des physiocrates, parce qu'elle considère, par erreur, la terre comme la seule source de la richesse. Turgot fut le plus glorieux des disciples de Quesnay : il chercha à appliquer le principe de la liberté du travail. À la même époque, Adam Schmitt, professeur de philosophie morale, écrivit un grand traité d'Économie politique sous le titre de Recherche sur les causes de la richesse des nations. (1776.) Par cet ouvrage, Adam Schmitt mérita d'être regardé comme le vrai fondateur de l'Économie politique. S'inspirant des faits économiques qu'il avait sous les yeux dans la Grande Bretagne, il montra que le travail est la principale source de la richesse, et élargit ainsi la base étroite que Quesnay avait donnée à la science de la richesse. Beaucoup d'économistes distingués ont écrit après Adam Schmitt. Les plus connus sont J. B. Say en France, John Stuart Mill en Angleterre, et, de notre temps, en France, Garnier et Baudrillart.

L'Économie politique est une science d'observation. Sans tenir compte des circonstances accidentelles et variables, elle cherche à établir, par la comparaison des statistiques, les lois générales de la production, de la distribution et de la consommation de la richesse.

À ce point de vue, elle ressemble aux sciences physiques et naturelles; cependant on la range plus volontiers parmi les sciences morales. C'est que, pour étudier la production, la distribution et la consommation de la richesse, il faut bien tenir compte des lois de la nature humaine. C'est l'homme, en effet, qui produit la richesse, c'est lui qui la distribue, c'est lui encore qui la consomme. Il est le principe et la fin de la richesse.

Par le fait même que l'économiste doit tenir compte des lois de la nature humaine, il ne peut perdre de vue les lois morales qui règlent l'acquisition et l'usage des richesses. Il peut d'autant moins perdre ces lois de vue que, dès maintenant, les progrès de l'économie politique ont fait envisager la justice et la charité comme des causes de richesse sociale. Ce qui est vrai des individus l'est aussi des sociétés: «Quaerite primum Regnum coelorum, et haec omnia adjicientur vobis» (St Luc XII. 31.)

Indiquons ici sommairement les relations les plus essentielles de la morale et de l'économie politique.

§.1.

La Propriété.

Le premier de tous les faits économiques c'est la production de la richesse. À la production de la richesse correspond un autre fait très évident: la propriété. Partout on voit les hommes libres garder pour eux les choses utiles qu'ils ont produites. La propriété est un fait ; elle est aussi un droit : tout homme peut légitimement conserver comme lui appartenant en propre ce qui est le fruit de son travail. Du même coup, tout homme peut céder ce qu'il possède, soit par simple donation soit par un échange.

Des hommes ont nié le droit de propriété. On les appelle socialistes. Ils disent, comme Proudhon : « La propriété, c'est le vol ». Ils voudraient que toute la fortune publique fût entre les mains de l'État, qui la répartirait selon les besoins de chaque citoyen. Par ce moyen, nul ne manquerait du nécessaire, et personne n'envierait le sort d'un voisin plus heureux.

Les socialistes se trompent, et ils égarent ceux qui les écoutent.

1º Le premier résultat de leur doctrine serait de décourager le travailleur. L'homme travaille volontiers, mais dans le but d'acquérir un bien qui soit à lui et dont il puisse disposer. Ôtez-lui cette espérance, et, s'il travaille encore, ce sera sous l'empire de la crainte, et pour échapper à une dure nécessité. Alors il travaillera mal, parce qu'il travaillera sans ardeur ;

2º De plus, l'abolition de la propriété privée serait une pure injustice. Les choses que l'homme transforme sont bien à lui, parce qu'elles portent l'empreinte de sa personnalité. Elles sont une sorte de prolongement de lui-même. À l'origine, la terre inculte n'appartenait à personne. L'homme laborieux a cultivé un coin de cette terre et l'a rendue féconde par son travail. Dès lors, ce coin de terre est devenu le bien propre de cet homme. C'est le travail de l'homme qui fonde le droit de propriété. C'est parce que la personne humaine est chose sacrée qu'il ne faut point enlever à l'homme les choses qu'il a faites siennes en les travaillant.

3° En s'emparant des propriétés privées, l'État porterait atteinte aux droits du père de famille. L'homme, évidemment, a le droit de fonder une famille. La famille, une fois fondée, il travaille beaucoup pour elle. Il cherche à amasser une petite fortune pour assurer l'avenir de ses enfants, leur ménager une honorable situation et les mettre à l'abri des coups de la mauvaise fortune. Le socialisme mis en pratique, ce grand ressort de la vie de famille est brisé.

Qui ne le voit, la richesse publique ne grandirait pas beaucoup dans de telles conditions. C'est le travail qui assure la richesse. Décourager le travail, c'est tarir la source des biens extérieurs. L'espoir d'augmenter son bien excite l'homme à le faire valoir de plus en plus. Privé de toute propriété, il quitte promptement ce souci. L'amour du père pour ses enfants le porte aux sacrifices les plus pénibles. S'il n'a plus à pourvoir au bonheur temporel des siens, il se replie sur lui-même et ne connaît plus que l'égoïsme du paresseux.

Il faut donc, de toute façon que le droit de propriété privée serve de fondement à l'économie politique. Le socialisme d'État est la ruine de la fortune publique en même qu'une odieuse injustice.

§. 11.

Le Travail.

La propriété est un principe de richesse publique, et en même temps un droit qu'il faut respecter. Mais le droit de propriété n'est pas respecté si ceux qui possèdent oublient de faire volontiers part de leurs richesses à ceux qui manquent du nécessaire. L'égoïsme des propriétaires fait naître la haine et l'envie dans le cœur des malheureux, et par là compromet la propriété elle même. Il y a deux aspects de la propriété : la juste possession des biens et leur usage légitime. Si on sépare le droit de propriété du devoir qui lui correspond, ce droit devient abusif et dangereux. « Le riche, dit Bossuet, est l'économe de la Providence ».

L'aumône est donc conforme aux lois économiques au même titre que le droit de propriété. Cependant l'une des meilleures manières d'assister le pauvre, c'est de lui donner du travail. Comme le travail est la principale source de richesse, en donnant du travail au pauvre, le riche fait valoir son bien, et augmente ainsi sa propre richesse ; de plus, il permet au pauvre de se procurer le nécessaire et même d'économiser en vue de l'avenir.

Pour que le travail produise ces résultats, il faut qu'il soit bien organisé, suffisamment rétribué et sagement limité.

1º Pour bien organiser le travail, il faut

le diviser. Les travailleurs obéissent tous d'eux-mêmes à cette loi, puisqu'ils ont des professions diverses. Cela est nécessaire, car nul ne peut se suffire à lui-même : Celui qui fait le pain ne peut faire les souliers ; ceux qui enseignent n'ont point le temps de préparer eux-mêmes ce qui est nécessaire à leur entretien, et ainsi du reste. La diversité des professions permet à chacun de vivre plus commodément et elle favorise l'union entre les hommes, par le besoin qu'ils ont les uns des autres. Toutes les professions honnêtes sont honorables ; il n'y a plus de professions serviles, mais il y a des professions libérales et des professions économiques. Le travailleur aurait tort de s'irriter contre l'homme qui étudie. Ce dernier travaille, lui aussi, à sa manière. De plus, comment méconnaître, au point de vue purement économique, l'influence de la science, dont les applications développent l'industrie, de la médecine qui tend à préserver des maladies ou à les guérir, de l'art militaire, qui maintient la paix, du sacerdoce, qui favorise l'union des cœurs par la justice et la charité ?

À juste titre donc, le travail est naturellement divisé en professions, mais pour beaucoup de professions compliquées, il importe de le diviser encore. Pour la confection des armes à feu, par exemple, les ouvriers de Liége sont répartis en vingt et une catégories, qui constituent autant de métiers distincts. Les avantages d'une telle division sont énormes : le travail, pour chaque ouvrier, est simple, facile à apprendre, conforme à ses aptitudes, et la perte de temps qui provient du changement d'occupations est supprimée. Il faut le reconnaître, cependant : cette organisation si avantageuse du travail ôte à l'ouvrier toute initiative, et le réduit à l'état de simple machine. Ne sachant faire qu'une chose, il est à la merci d'un chômage ou d'un renvoi. L'habitude d'un seul genre de travail déforme le corps au détriment de l'individu et de la race. Le patron perd de vue la dignité de l'homme, il n'a souci que du travail.— Tout cela est vrai, mais il n'est pas impossible de parer à ces inconvénients. On peut limiter la journée de travail, afin que l'ouvrier ait le loisir de cultiver son esprit et de varier ses exercices corporels. On peut faire apprendre à l'ouvrier sa profession tout entière, et même lui donner des notions sur les professions analogues. On peut enfin l'associer aux bénéfices de l'entreprise, lui assurer une compensation pour les risques qu'il court. Les patrons mettront alors plus de soin à éviter les subdivisions nuisibles.

2. Quelle que soit la part de l'ouvrier aux bénéfices de l'entreprise, il faut qu'il retire de son travail une rénumération suffisante. D'ordinaire, la rénumération du travail de l'ouvrier s'appelle le salaire. Le salaire doit assurer à l'ouvrier sa subsistance, la réparation de ses forces et les moyens d'élever ses enfants. Si ces conditions ne sont pas remplies, le salaire est trop faible. Pour justifier un salaire insuffisant, on ne peut invoquer un libre contrat passé entre le patron et l'ouvrier. La liberté d'une convention ne la justifie pas. Une convention contraire aux intérêts essentiels de l'ouvrier est injuste. Il peut être forcé de la subir, mais il n'est pas permis de la lui imposer.

Il serait étrange, dit-on, d'obliger le patron à payer un salaire assez élevé pour que l'ouvrier pût faire subsister sa famille: le père de famille ne fournit pas plus de travail que le célibataire, et jamais le salaire ne pourra être proportionné aux besoins d'une famille nombreuse. — Sans doute, le père de famille ne travaille pas plus que le célibataire, mais le célibataire doit gagner assez pour pouvoir mettre quelque chose de côté en vue de sa famille à venir, et d'autre part, le père de famille doit pouvoir élever ses enfants. S'il a une famille nombreuse, c'est à la charité qu'il doit demander les ressources que son salaire ne lui fournit pas. De là vient justement que le travail ne peut pas toujours remplacer l'aumône. L'aumône est nécessaire dans d'autres cas encore, tels que le chômage ou le besoin d'acquérir la matière première d'un travail à commencer.

On ne peut exiger, sans doute, que le salaire suffise à l'entretien d'une famille nombreuse, mais il doit pouvoir suffire à l'ouvrier qui vit dans les conditions ordinaires, c'est à dire qui a une famille composée de trois ou quatre enfants. Il ne faut pas que le salaire suffise tout juste, il faut qu'il suffise aisément aux besoins de l'ouvrier, et lui permette ainsi de faire quelques économies.

3. Que le travail soit limité : la santé de l'ouvrier l'exige. Les travaux nuisibles surtout, comme ceux qui exigent une température élevée, doivent être coupés par de longs intervalles de repos. Le travail des femmes et celui des enfants sont surtout à surveiller, soit au point de vue de la santé, soit au point de vue de la moralité. Il faut un jour de repos par semaine, et le dimanche, afin que l'ouvrier puisse prendre soin de son âme, vivre au milieu des siens et

aller avec eux, si le temps le permet, jouir du spectacle de la nature, tout en respirant un air moins insalubre que celui de l'atelier ou de l'usine.

Ces conditions du travail, loin de diminuer la richesse, sont par elles-mêmes très favorables à son développement. Il est vrai, la concurrence est un obstacle à la bonne volonté de plus d'un industriel, mais cela prouve que l'état de choses actuel est mauvais et qu'il faut chercher à le rendre meilleur en s'inspirant des principes de la justice, tout particulièrement de celui-ci : L'homme n'est pas une chose, mais une personne. On ne doit donc en aucun cas le traiter comme un instrument. Que d'injustices on éviterait si ce devoir essentiel était moins méconnu.'

§. II.

Le Capital.

Le travailleur qui sait épargner se ménage une source de richesse appelée capital. Le capital n'est pas nécessairement une somme d'argent, c'est toute richesse mise en réserve : une maison, un champs, des approvisionnements, des instruments de travail, etc. Le capital peut être à bon droit regardé comme un agent de production : il ne produit pas toujours directement, comme la terre, mais, habilement exploité par le travail, il contribue à la richesse sociale, il rapporte.

Le rapport d'un capital revêt trois formes principales : la rente, le profit ou bénéfice, l'intérêt.

1. La rente est la redevance payée par un fermier à celui qui possède la terre sans la cultiver lui-même. Évidemment la rente est légitime, car, selon l'axiome du droit : Res fructificat domino : les fruits reviennent au maître de la chose. Mais il arrive souvent que le contrat de fermage est trop onéreux pour le fermier. Cette injustice déjà criante, devient un danger social quand la rente, péniblement acquise par le fermier, sert à nourrir des hommes pleins de santé et qui ne rendent aucun service à la société. La propriété foncière a pour but le plus grand bien social : si elle ne profite qu'à quelques oisifs, le contraste irrite le travailleur. Il est permis de vivre de ses terres, mais il faut travailler de son côté au bien de tous, autrement on fournit des armes aux ennemis de la propriété. Le contrat de société entre le propriétaire du sol et le laboureur serait bien préférable au contrat de fermage : de cette façon, le propriétaire et le travailleur courraient les mêmes chances, seraient exposés aux mêmes périls, et par le fait se trouveraient placés dans des conditions plus voisines de l'égalité.

2. Le profit ou bénéfice est la part prélevée sur les produits du capital par le propriétaire quand ce dernier exploite lui-même son capital. Il s'agit ici du bénéfice net, qui reste après déduction de toutes les dépenses justifiées.

Le capitaliste peut-il légitimement conserver pour lui cette part du produit de son capital ? Cela n'est pas douteux, car le capital engagé court des risques, ce qui donne droit à une prime d'assurance ; de plus quand le capital consiste en instruments de travail qui s'usent avec le temps, il faut que cette perte soit compensée par l'amortissement du capital.

Celui qui exploite son propre capital a donc droit aux bénéfices de l'exploitation, mais il serait plus conforme à l'équité que le travailleur eût aussi sa part de ces bénéfices. Il coopère par son travail aux profits réalisés ; il dépense ses forces à ce travail ; parfois même il y risque sa vie. On pourrait, par exemple, consacrer chaque année une portion déterminée des bénéfices à entretenir des services généraux établis au profit des travailleurs, comme les sociétés de secours mutuel, les sociétés coopératives, les caisses d'assurance contre les accidents. De cette façon, à coup sûr, on contribuerait beaucoup à fonder une paix sociale durable, et à faciliter les rapports du patron et de l'ouvrier.

3.—L'intérêt est le profit qu'on retire d'un capital prêté. Par sa nature, le prêt est un service gratuit. Exiger un intérêt en vertu même du prêt, c'est commettre l'usure.

Mais il y a des circonstances qui, pour l'ordinaire, modifient les conditions du prêt, telles sont, par exemple, le manque à gagner, comme on dit en style commercial (lucrum cessans) ; le risque particulier auquel est exposé le capital (periculum sortis) Tout cela peut donner au prêteur le droit de recevoir une juste indemnité qui n'a rien à voir avec un intérêt perçu en vertu même du prêt. Dans l'état actuel de l'industrie, certains capitaux, engagés pour assurer la marche d'une affaire, contribuent à la production, et par conséquent, de ce chef encore, donnent droit à percevoir un intérêt.

On ne peut cependant justifier toute espèce d'intérêt. S'il y a usure à percevoir un intérêt sans juste raison, il y a usure.

aussi à percevoir un intérêt trop fort, en abusant de la détresse ou de l'inexpérience de ceux qui empruntent.

Le pire des maux contemporains, en matière d'usure, est peut-être le trafic de l'argent. Ceux qui l'exercent s'enrichissent sans aucun travail utile ; ils perçoivent des intérêts sans juste raison, puisque leurs capitaux sont en circulation permanente et augmentent sans cesse ; ils font à leur gré baisser les actions d'une entreprise sérieuse, afin de profiter de sa ruine ; bref, ils se livrent à un commerce immoral, aux dépens des travailleurs et des fortunes particulières.

Cet agiotage, contraire à la justice, est au fond ruineux pour les sociétés. Il concentre la richesse entre les mains de quelques financiers opulents, mais il ne la multiplie pas. Seuls, les établissements solides sont en mesure d'emprunter des capitaux, mais par le fait, l'intérêt qu'ils accordent aux capitalistes est minime.

Ainsi le capitalisme se condamne lui-même. De 5 %, l'intérêt est descendu à 2 ½ p %. Cela n'indique-t-il pas très clairement qu'il vaut mieux chercher la richesse à sa vraie source, qui est le travail honnête, assidu et consciencieux.

Vraiment, toute injustice, quel que soit son nom, est en même temps un principe de ruine, et il y a lieu d'admirer l'harmonie établie par le Créateur entre le devoir et l'intérêt. Que les hommes écoutent la voix de la justice, non celle de l'égoïsme, et l'on ne sera plus tenté de dire avec le philosophe anglais que l'homme est un loup pour l'homme. (Hobbes)

CHAPITRE X.

La question sociale.

Il est malheureusement trop vrai que, bien souvent, l'homme est un loup pour l'homme.

La raison du plus fort est toujours la meilleure, a dit La Fontaine. Ce n'est pas la formule du droit que ce poète a voulu énoncer, mais seulement une loi qui résume des faits aussi nombreux que regrettables.

Témoin cette hostilité toujours grandissante qui, à l'heure actuelle, divise les ouvriers et les patrons. C'est là un danger redoutable pour la société, et, de toutes parts, on se demande comment il est possible de le conjurer. C'est la question sociale.

§. 1.

Le mal social.

« Il n'y a pas de question sociale » a dit un homme d'État célèbre. Malheureusement, il ne suffit pas de nier un mal pour le supprimer. Voyez ce jeune homme : dans quelque temps on le portera au tombeau. La vie lui échappe un peu chaque jour, mais il ne souffre pas, il ne se croit pas malade. C'est l'image du corps social que la haine des classes mine peu à peu. Ceux qui sont au pouvoir ne souffrent point, ils sont portés à méconnaître le mal.

Le mal existe pourtant, et il est indéniable. Contrairement à l'ordre naturel des choses, des hommes très nombreux vivent habituellement dans un état de misère imméritée : ils manquent du nécessaire, ils ont tout juste ce qu'il faut pour ne pas mourir de faim ; il en est même qui ne peuvent échapper à ce triste sort.

Par contre, auprès d'eux vivent des hommes d'une opulence scandaleuse, qui accumulent toutes les ressources. Leurs richesses ne paraissent nullement correspondre à leurs services ; elles ne semblent pas en rapport avec la peine qu'ils ont prise ; encore moins peut-on dire qu'une si grande fortune répond à leur mérite et à leurs vertus. Le plus souvent, ces hommes remplissent des fonctions qui n'ont aucune valeur sociale : à quoi sert par exemple le travail de l'agioteur?

Ceux qui accumulent ainsi la riches.
se exercent une véritable tyrannie sur la multi-
tude des prolétaires, en exigeant d'eux un travail
excessif et mal rétribué. De là une misère profonde, avec son cortège inévitable : l'ignorance, le
vice, les maladies, la tentation du crime.

Parmi les crimes que suggère la
misère profonde, il faut signaler le sui···e,
le meurtre accompli en vue de voler, les atentats
anarchistes, qui se produisent sous l'influence des
idées socialistes.

Le socialisme est la négation de la propriété individuelle. C'est une réaction violente contre l'accaparement des richesses au détriment
de ceux qui ne possèdent rien. Les socialistes voudraient que la propriété fût collective et admi-
nistrée par l'État, qui saurait faire à chacun
la part convenable.

Malheureusement, ce remède est
pire que le mal. Le socialisme est une injustice,
car il méconnait le droit de propriété, sous prétexte d'en supprimer l'abus.

Le socialisme est une utopie, car,
si l'État entreprenait le partage des biens, chaque
citoyen ferait de son mieux pour cacher ce qu'il
possède et ne mettre en commun que ce qui ne
pourrait échapper aux recherches.

Enfin, à supposer qu'on pût réussir
à mettre toutes choses en commun, l'action des
travailleurs serait paralysée. Personne n'ayant
plus à cœur d'amasser un petit bien, chacun
croirait en faire assez pour le bien de tous et se
reposerait sur les autres des travaux les plus pénibles. Seule la contrainte pourrait faire aller
le travail, et d'une façon médiocre.

Il y a un socialisme plus radical encore, c'est le communisme. Il réclame le partage des biens. Il est aussi injuste et aussi peu réalisable que l'autre, sans être plus favorable au bien être de tous. Les richesses, fragmentées à l'infini, n'assureraient à chaque citoyen qu'un revenu insuffisant : ce serait la misère universelle.

Si le socialisme n'est pas une solution convenable de la question sociale, faut-il penser avec quelques économistes que cette question est insoluble ? « La société actuelle, dit M. Thiers, reposant sur les bases les plus justes, ne saurait être améliorée » M. P. Leroy Beaulieu disait dans le même sens : « Les lois qui président au capital, au salaire, à la répartition des richesses, sont aussi bonnes qu'inéluctables. Elles amènent l'élévation graduelle du niveau humain ».

Cela est visiblement faux : nous sommes tous les jours témoins d'un « colossal abus de la pauvreté et de la faiblesse » ; nous pouvons constater « l'horrible existence des enfants dans la fabrique », et, d'une façon générale, un véritable asservissement d'une partie de l'humanité à l'autre.

Il est par trop commode de croire que tout est bien, ou du moins, qu'il n'y a pas moyen de mieux faire. Cela dispense de chercher à améliorer le sort de ceux qui souffrent et se révoltent.

Mais du moment que ces malheureux souffrent injustement, on doit chercher à rendre leur sort plus supportable, par des lois justes et des institutions charitables. Il n'en est pas des richesses comme de la pluie ou des rayons du soleil. Les richesses sont entre les mains des hommes, et les hommes peuvent être justes ou injustes. S'ils sont injustes, on peut les rendre justes, et par là même, assurer une répartition plus équitable de la richesse.

§. 11.

Les causes du mal social.

Tout irait bien si, de part et d'autre, on observait les lois de la justice et de la charité. L'Évangile renferme une excellente solution de la question sociale ; il suffirait de l'appliquer. Elle a, du reste, fait ses preuves. Sans doute, il y aura toujours des pauvres, mais si la justice et la charité présidaient aux relations de ceux qui possèdent et de ceux qui n'ont rien, on ne verrait plus ce terrible fléau qui s'appelle le paupérisme. Tout homme, même le pauvre, parviendrait, non pas simplement à éviter la mort, mais à subsister à peu près convenablement.

Pourquoi les lois évangéliques sont-elles méconnues ? — L'égoïsme est la grande cause de ce mal.

L'égoïsme est de tous les temps, mais, au siècle dernier, et de nos jours surtout, des hommes néfastes en ont fait l'apologie, l'ont érigé en principe et l'ont pour ainsi dire organisé.

Selon Kant, l'homme est fin en soi. Au dire de Rousseau, l'homme est naturellement bon. Seule, la société le rend mauvais. Laissé à lui-même, il possède la plénitude de ses facultés et en use pour le mieux.

Par conséquent, il faut qu'il jouisse d'une liberté absolue : il ne doit avoir d'autre mobile d'action que ses besoins et ses désirs, et d'autres limites que les lois mêmes de la nature.

Ces lois, il les détermine scientifiquement, et la science seule peut lui indiquer ce qui convient au plus grand bien être de tous.

De ces principes dérivent les conséquences les plus funestes en ce qui concerne l'économie politique, à savoir : la liberté absolue du travail, l'individualisme, la lutte pour la vie.

La liberté absolue du travail est, aux yeux des patrons et des travailleurs, le droit de faire des conventions quelconques, d'après la seule loi de l'offre et de la demande, sans aucun souci de ce qui est juste, de ce qui serait nécessaire à la subsistance de l'ouvrier. Par là même, celui qui embauche un ouvrier, lui offre le salaire le plus minime possible, et l'ouvrier subit cette dure loi, faute de pouvoir trouver un sort moins mauvais. De là, par exemple, la condition misérable des ouvrières de l'aiguille, qui veillent à l'atelier, qui prolongent leur veillée chez elles, qui n'ont pas leur dimanche libre, tout cela pour un salaire dérisoire. « Laissez faire, laissez passer, disait l'École de Manchester. Ôtez toute entrave au commerce, toute lisière au travail. La loi de l'offre et de la demande et le libre échange suffiront à tout. Si l'équilibre est un moment troublé, il se rétablira. L'ouvrier malheureux ira chercher au loin des salaires plus avantageux, ou bien il se défendra par la grève ». Cette doctrine est encore celle de la plupart de nos économistes. C'est une illusion déplorable. La libre concurrence entraîne toujours la production à bon marché et l'abaissement des salaires. L'ouvrier accepte tout pour gagner le morceau de pain de ses enfants. Les journées s'allongent, les nuits s'y ajoutent, les femmes et les enfants travaillent, et le pain est toujours aussi rare à la maison. L'ouvrier alors s'aigrit et prête l'oreille aux mauvais conseils. Pour faire la grève, il lui faut de quoi attendre ; pour transporter ailleurs son modeste foyer, il faut qu'il puisse espérer un sort meilleur. Il n'est pas, du reste, comme l'Arabe, qui n'a qu'à transporter sa tente.

Le système économique qui repose sur la liberté absolue du travail est faux, voilà tout. Ses auteurs oublient que la loi du travail n'est pas seule en cause, et que l'homme n'est pas sur la terre pour fabriquer le plus grand nombre possible d'aunes de drap ou de coton. Il s'agit pour lui de cultiver son âme en vue d'une autre vie, d'élever ses enfants dans le même but, et de trouver un peu de bonheur pur sur la terre en maintenant la paix et l'honneur de son foyer. L'homme n'est point une machine vivante, ni même une bête de somme. Singulière contradiction : on pose en principe la liberté la plus absolue pour l'homme, et on aboutit au pire esclavage !

L'association serait un remède à de si grands maux. En se groupant, les ouvriers auraient plus de force pour revendiquer leurs droits ; ils obtiendraient, par exemple, que le travail fût limité, que le travail de nuit ne fût point permis aux femmes et aux enfants, que le dimanche fût respecté et le salaire fixé selon ce qui est juste. — Mais non, en vertu d'une prétendue liberté primordiale, la liberté du travail, toute association qui pourrait restreindre cette liberté est interdite. Un seul groupement d'hommes est permis parce qu'il est nécessaire pour représenter la volonté de tous, c'est l'État, qui n'a d'autre mission que de veiller à l'ordre extérieur par une police bien faite. Sous le couvert de l'ordre, chacun exerce son activité comme il l'entend, sans prendre souci du voisin. Par là même, chacun est laissé à ses propres forces. C'est l'individualisme à la lettre. L'homme est à lui-même sa fin, il est son Dieu, par conséquent. Mais aussi il reste solitaire dans sa majesté, et par là même il devient une proie sans défense.

Qui la saisit cette proie ? C'est l'égoïste puissant que n'arrête d'ailleurs aucun frein. Le malheureux se défend comme il peut ; on le laisse périr de misère, il tue par le fer, le feu ou la bombe. Ainsi, au lieu d'observer la loi du Créateur : « Aimez-vous les uns les autres », c'est à une loi de mort, de destruction mutuelle que les hommes obéissent. Cela s'appelle la lutte pour la vie, lutte inévitable quand l'égoïsme préside aux relations sociales. L'homme a des besoins, il a des passions, il se trompe. Si personne ne songe à satisfaire ses besoins, si on ne dépose dans son âme aucune force capable de maîtriser ses passions, si on ne lui montre pas qu'il se trompe, évidemment il cherchera à satisfaire ses appétits, il donnera libre cours à ses passions ; il agira d'après ses erreurs. Dans la seule ville de Paris, plus de cent mille malheureux, sans feu ni lieu, sans foi ni loi, errent le soir comme autant de fauves en quête de proie. C'est le péril toujours menaçant, c'est la vengeance toujours préparée, à cause de l'égoïsme des riches.

L'homme n'est pas sa propre fin, et il n'a en aucune façon la liberté d'agir sans aucune loi. Il doit, dans ses relations sociales, se montrer juste et charitable. Pour y réussir, il doit traiter les autres hommes en frères, et pour réussir à les traiter en frères, il faut qu'il honore leur Père commun, qui est Dieu.

§. III.

Les Remèdes au mal social.

Ce sont bien là les vrais remèdes. Mais pour guérir un malade, on ne se borne pas à s'enquérir des vrais remèdes, on cherche encore quelle est la meilleure manière de les appliquer ; de même, il ne suffit pas de savoir comment on pourrait conjurer le mal social, il importe surtout de connaître les moyens pratiques d'y réussir.

Le premier est l'action de l'Église catholique par le moyen de ses prêtres. Aux termes de l'Évangile, « le prêtre est le sel de la terre, et la lumière du monde » or les caractères disparaissent, les mœurs s'affaiblissent parce que le sel de la terre a été mis de côté ; les ténèbres vont en grandissant parce que la lumière du monde a été mise sous le boisseau. Le prêtre est la lumière du monde parce qu'il indique à tous leurs devoirs. Au nom de l'Église, il dit à l'ouvrier : « Accomplissez fidèlement votre tâche ; respectez toute autorité ; soyez modérés dans vos revendications ». À ceux qui emploient des ouvriers, le prêtre rappelle que ces ouvriers sont des hommes et des chrétiens, non des machines à gagner de l'argent. « Tenez compte, dit-il, de leurs besoins spirituels ; donnez-leur le temps convenable pour accomplir leurs devoirs religieux. Écartez d'eux les causes de corruption et de péché. Ne leur imposez pas un travail au-dessus de leurs forces, ni contraire aux nécessités de l'âge et du sexe. Donnez-leur un juste salaire, afin

qu'ils puissent soutenir convenablement leur vie. Ne spé-
culez pas sur leur pauvreté ». — Le prêtre dit aux riches
que Dieu seul a le droit absolu de propriété, et qu'ils
sont les économes de la Providence. « Prenez sur vos re-
venus de quoi vivre convenablement, mais faites lar-
gement l'aumône. Il faut que tous les hommes vivent des produits de la terre ». Le prêtre console les
pauvres par la pensée du Fils de Dieu qui a hono-
ré leur condition, et par l'espérance d'une vie
meilleure. « Soyez doux et patients, sanctifiez vos
épreuves. Au ciel vous serez dédommagés ». Enfin,
le prêtre dit aux uns et aux autres : « Soyez unis
dans la charité. Vous êtes tous frères, vous avez le
même Dieu Créateur, le même Rédempteur, la
même nature, la même grâce, le même héritage
céleste. Quelles raisons de vivre paisiblement et
fraternellement ». — Ce que le prêtre dit, par les
sacrements dont il dispose, par la prière dont
il est le ministre par excellence, par le sacrifice
qu'il offre chaque jour à Dieu, il communique
aux âmes la force de le faire.

Que le Prêtre s'applique donc, sous la
direction de son Évêque, à venir efficacement en
aide à tous, riches et pauvres, patrons et ouvriers,
et que personne ne songe plus à le regarder comme un ennemi ! De par l'Évangile, il est l'ami
de tous, mais surtout des malheureux.

Quel que soit le dévouement de l'Église
pour venir en aide aux malheureux, une bonne
organisation sociale peut prévenir bien des misères, et une bonne organisation sociale dépend
surtout de l'État.

Le premier devoir de l'État est évidemment de ne point entraver, de favoriser de
tout son pouvoir l'action de l'Église : qu'il inter-
vienne pour assurer à l'ouvrier le repos du

dimanche et qu'il laisse au prêtre toute facilité d'en
seigner le catéchisme. Si deux ans suffisent pour
former un homme au métier des armes, qu'on
n'emploie pas trois années, qu'on laisse le plus
possible le jeune ouvrier à son travail. Pourquoi
diminuer l'action du prêtre sur l'ouvrier en
imposant au prêtre le service militaire si peu en
rapport avec sa vocation ? L'impôt a besoin de ré-
forme : par les contributions indirectes, il pèse trop à
l'ouvrier. L'État doit combattre l'agiotage et l'usure.
Il doit protéger les petits domaines ruraux, laisser
au père de famille le droit de se choisir un succes-
seur parmi ses enfants, sauf à rétablir l'égalité par
une redevance. Les frais de justice sont écrasants ;
ceux des saisies mobilières grossissent d'une façon
énorme le chiffre de la dette primitive. Il y a lieu
de limiter les saisies ainsi que les cessions de salaire. Le travail devrait être représenté par des
commissions spéciales, formées de patrons et d'ouvriers, et à l'intérieur de l'usine, par des conseils
d'usine. La loi, sur l'avis des commissions spéciales représentant le travail, peut fixer le nombre d'heures de travail qu'on ne peut dépasser
en aucun cas. Il est nécessaire de réviser les lois
sur le travail de nuit, sur le travail des femmes
et des enfants. En accordant la personnalité civile
aux syndicats, on assurerait à l'ouvrier le bénéfice de
la propriété en commun, à défaut de propriété privée. L'État ne peut se désintéresser du contrat de
travail, car ce contrat n'est pas libre : il faut empêcher les entrepreneurs peu scrupuleux de spéculer
sur l'abaissement des salaires. En veillant à la
fondation des caisses de retraites et d'assurance,
l'État se montre prévoyant pour l'ouvrier, et le
protège contre les accidents, les maladies, la vieil-
lesse. C'est à l'État enfin de provoquer des conventions

internationales, afin que la libre concurrence entre nations ne stérilise pas les bons efforts de l'une d'elles pour améliorer le sort des travailleurs.

Le patron peut beaucoup à son tour, pour atteindre ce but. Il a des devoirs très graves à remplir envers l'ouvrier. Tout d'abord il doit éviter ce qui peut nuire à la santé de l'ouvrier, comme le travail excessif dans une atmosphère malsaine, le travail prématuré des enfants, le travail de nuit des femmes. Que de patrons se trompent à cet égard et se rendent coupables d'homicide ! L'ouvrier a des devoirs religieux à remplir ; il faut que le patron lui en laisse le temps et la facilité : qu'il veille à assurer le repos dominical, qu'il ait, s'il le faut, à côté de l'usine une chapelle desservie par un aumônier. — La moralité de l'ouvrier est à sauvegarder comme sa Foi religieuse : que le patron lui épargne toutes les occasions de mal faire ; qu'il prévienne le mal en évitant la promiscuité des sexes, en tenant compte des différences d'âge, en fixant pour chaque groupe des heures spéciales d'entrée et de sortie. Il y a des précautions à prendre pour le choix du personnel. Le choix des contre-maîtres est particulièrement important au point de vue de la surveillance et de l'exemple. Enfin il faut réprimer avec énergie le mal qui n'a pu être évité. Le patron doit veiller aux intérêts temporels de ses ouvriers, non seulement en leur payant un salaire convenable, mais encore en les assistant de diverses manières. Il peut créer pour eux des caisses de retraite, d'assistance, de secours mutuel, d'épargne. Il peut s'occuper de leur logement, au double point de vue de la salubrité et de la moralité. Il peut fonder des écoles auprès de l'usine. Il peut acheter en gros ce qui est nécessaire à leur subsistance, et les faire bénéficier de la remise qu'il obtient. Tout cela n'est pas de la théorie pure, comme le démontrent divers exemples : la filature de M.M. Viau à Lille, la filature de M.M. Harmel au Val des Bois et diverses autres usines chrétiennes.

L'ouvrier doit enfin s'aider lui-même par l'organisation professionnelle, c'est à dire en usant du droit d'association. L'association professionnelle est de droit naturel, et c'est par un acte absolument tyrannique que la Convention a porté la peine de mort contre les citoyens qui tenteraient de rétablir l'association professionnelle sous le prétexte d'un « prétendu intérêt commun ». C'était déclarer qu'une seule loi préside aux relations des ouvriers : la loi de la concurrence sans limite, la loi atroce de la lutte pour la vie.

Il n'en est pas ainsi. Les ouvriers d'une même profession ont des intérêts communs qu'ils peuvent et doivent sauvegarder par des associations. Les patrons et les ouvriers ont des intérêts, non pas identiques, mais connexes : c'est aussi par l'association qu'ils les sauvegarderont. Ils peuvent créer des syndicats mixtes, ou des syndicats simples avec un conseil d'arbitrage formé de délégués choisis par chacun des deux syndicats, et parmi ses membres.

La loi du 21 Mars 1884 a rendu aux patrons et aux ouvriers le droit d'association professionnelle. Ce droit n'est pas entier ; il n'est pas accompagné, par exemple, de la personnalité civile, mais tel qu'il est, si on en use sagement, on peut arriver à d'excellents résultats.

Nous n'avons pu donner dans ce chapitre, que des indications très sommaires, résumant de gros livres. Il sera bon, pour s'instruire plus à fond sur une matière aussi importante, de consulter quelques uns des ouvrages indiqués

sur la liste placée ci après. Ce que nous avons dit
suffit à stimuler les bonnes volontés, qui ne font
pas défaut, et que Dieu est toujours disposé à
bénir, comme l'indique le vieil adage de nos pères:
Aide-toi, le ciel t'aidera.

Justus ut palma florebit (Ps.91)

Ego sum vitis, vos palmites....
Sine me nihil potestis facere.

Jean XV - 5

LIVRES

CONSULTER

Aristote, Morale et Politique.

L. Carrau, de l'Education.

Caro, Problèmes de Morale sociale.

Bouiller, Questions de Morale pratique.

Fouillée, Critique des systèmes de morale contemporains.

Gratry, connaissance de Dieu.

Gratry, connaissance de l'âme.

d'Hulst, Fondements de la morale.

Janet (Paul) la Morale.

Jouffroy, Cours de droit naturel.

Malebranche, Traité de morale.

Marion, Leçons de morale.

Marion, de la solidarité morale.
de Margerie, la Famille.
Jules Simon, le Devoir.
Jules Simon, Dieu, Patrie, Liberté.
Saisset, Philosophie religieuse.
St Thomas : in ethica commentaria.
de Broglie, la morale sans Dieu.
Bautain, la morale.
Cousin, le Vrai, le Beau et le Bien.

Livres
sur les questions sociales.

Caro, Problèmes de morale sociale.
Chapelle, Manuel d'oeuvres.
Decurtins, Discours de Mgr de Ketteler.
Dehon, Manuel social chrétien.
Féret, La Question ouvrière.
Guibert, l'Educateur apôtre.
Grégoire, le Pape, les catholiques
    et la question sociale.
Harmel, Manuel d'une corporation.
        Catéchisme du Patron.
        Discours et lettres.
de Mun, Questions sociales (Discours)
Le Play, Oeuvres (chez Mame)
Perrin, Oeuvres (Lecoffre)
Perriot, Commentaire de l'Encyclique.

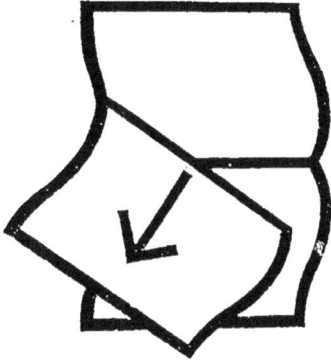

www.ingramcontent.com/pod-product-compliance
Lightning Source LLC
Chambersburg PA
CBHW071951110426
42744CB00030B/874